NOS CAMINHOS DA IGREJA

Dados Internacionais de Catalogação na Publicação (CIP)
(Câmara Brasileira do Livro, SP, Brasil)

Tamancoldi, Bruno

   Nos caminhos da Igreja : formação permanente da fé / Bruno Tamancoldi. – Petrópolis, RJ : Vozes, 2020.

Bibliografia.
ISBN 978-85-326-6341-2

   1. Catequese – Igreja Católica 2. Catequistas – Educação 3. Fé 4. Vida cristã I. Título.

19-30943   CDD-268.3

Índices para catálogo sistemático:
1. Catequistas : Formação bíblica : Educação religiosa : Cristianismo   268.3

Cibele Maria Dias – Bibliotecária – CRB-8/9427

NOS CAMINHOS DA IGREJA

BRUNO TAMANCOLDI

FORMAÇÃO PERMANENTE DA FÉ

EDITORA VOZES

Petrópolis

Direitos de publicação em língua portuguesa:
2020, Editora Vozes Ltda.
Rua Frei Luís, 100
25689-900 Petrópolis, RJ
www.vozes.com.br
Brasil

Todos os direitos reservados. Nenhuma parte desta obra poderá ser reproduzida ou transmitida por qualquer forma e/ou quaisquer meios (eletrônico ou mecânico, incluindo fotocópia e gravação) ou arquivada em qualquer sistema ou banco de dados sem permissão escrita da editora.

CONSELHO EDITORIAL

Diretor
Gilberto Gonçalves Garcia

Editores
Aline dos Santos Carneiro
Edrian Josué Pasini
Marilac Loraine Oleniki
Welder Lancieri Marchini

Conselheiros
Francisco Morás
Ludovico Garmus
Teobaldo Heidemann
Volney J. Berkenbrock

Secretário executivo
João Batista Kreuch

Diagramação: Victor Mauricio Bello
Revisão gráfica: Nilton Braz da Rocha / Fernando S.O. da Rocha
Capa: Érico Lebedenco

ISBN 978-85-326-6341-2

Editado conforme o novo acordo ortográfico.

Este livro foi composto e impresso pela Editora Vozes Ltda.

SUMÁRIO

Apresentação, 9

Um processo formativo, 11

   Será que a teoria é algo tão ruim assim?, 11

   O que pretendemos com este livro?, 13

1. O Sermão das Bem-aventuranças: Uma catequese, 14

   Jesus se compadece da multidão, 15

   Jesus nos apresentará as 8 Bem-aventuranças, 17

2. Jesus e a samaritana – O encontro com o Senhor, 29

   São João, como uma águia, voa alto!, 29

3. Sermão do Pão da Vida!, 43

   1ª Parte: Eu sou o Pão da Vida!, 44

   2ª Parte: Quem comer deste pão viverá para sempre, 49

   3ª Parte: Senhor, só Tu dizes palavras de vida eterna!!!, 53

4. O Bom Pastor, 56

5. A segunda pesca milagrosa, 60

   Lá na praia, eu larguei o meu barco..., 60

6. Missionariedade da Igreja, 64

   Caiu do cavalo, 65

   O Santo de Assis, 68

   A maior entre os santos modernos, 71

7. Formar-se para servir, 76

Propondo caminhos, 84

Referências, 87

Para meu filho João Vitor

APRESENTAÇÃO

Aprender com os mestres da vida cristã nos torna melhores. Quando falam, descortinam a própria alma, proclamando uma palavra que carrega um significado vivo. Confirmam que a teoria faz o teólogo, mas que é a prática quem gera o cristão.

É nesse clima de autoexposição, de palavra experimentada, de fé viva, que nos deparamos com o livro de Bruno Tamancoldi. Ele bebe da fonte do Evangelho e mergulha nas águas profundas do coração misericordioso de Deus. Antes de transmitir uma reflexão teológica ele nos fala, embora subliminarmente, de sua experiência pessoal com o Ressuscitado, por meio de um texto vibrante, maduro e minuciosamente trabalhado.

Bruno Tamancoldi nos propõe, desse modo, o resultado de sua vivência como discípulo missionário de Jesus Cristo, apresentando-nos o conteúdo divino da Palavra e a vida transfigurada da prática humana. Seu livro, *Nos caminhos da Igreja – Formação permanente da fé*, apresenta-se profundamente humano, pois só Deus é humano, no sentido mais profundo da palavra.

Propondo-nos um caminho de unidade – pelo sonho de unir todos a Cristo – Bruno nos faz refletir, interroga-nos a todos, e nos propõe a humildade, a oração, o amor, a amizade e a bondade como vias seguras para chegar ao coração do Altíssimo.

O grande número de citações bíblicas do presente livro torna o texto ainda mais embasado, por buscar nos lábios do "Mestre dos mestres" a fonte inspiradora do terno viver. Tal saber partilhado convida-nos a ouvir a voz do silêncio, a voz de Deus, voz que tudo sabe e que tudo ensina. Foi essa atenção ao mistério que levou São Paulo, São Francisco, Santa Teresinha, dentre outros, a uma opção que lhes valeria o céu.

O escrito de Bruno Tamancoldi convence a consciência, dobra a vontade e vence o coração. É a expressão dinâmica de uma palavra experimentada, que torna clara a mente e o coração do autor. Desse modo, ele socializa conosco o resultado de sua experiência de fé, nunca improvisada.

Tenho certeza de que muitos poderão desfrutar do que eu mesmo saboreei: a alegria de penetrar num texto transmitido por um homem de fé, pela alegria de convidar a todos a viverem o profundo amor, *Nos caminhos da Igreja*.

Dom Gregório Paixão, OSB
Bispo Diocesano de Petrópolis

UM PROCESSO FORMATIVO

É muito comum, principalmente entre os mais jovens, a tentação de amar a prática e odiar a teoria. O executar, o fazer, nos traz um prazer imediato; o ato de gerir algo, de colocar literalmente a *mão na massa* nos impele a ações nem sempre coordenadas, mas com um ímpeto grandioso. É assim no nosso dia a dia, executamos centenas de funções sem saber o básico sobre o que nos debruçamos. Um exemplo clássico é o celular, hoje objeto indispensável a qualquer pessoa, desde a comunicação mais básica à interatividade com as redes sociais que nos dá a impressão que não estamos sós ou em silêncio em nenhum momento sequer do nosso dia. Porém, eu me questiono, salvo especialistas e aqueles que se dedicam a decodificar os mecanismos comunicacionais, se a grande maioria das pessoas possui a plena noção de como funciona um aparelho celular. Uma grande parte das pessoas sabe no máximo operar, executar funções intuitivas desse aparelhinho que roubou todos os nossos lugares secretos de meditação ou descanso, saiba! Alguém irá te achar!

Geralmente a teoria é algo enfadonho e cansativo e torna o processo de aprendizagem um grande desafio em todos os níveis de formação. Sentar e escutar alguém explanando sobre algo que no fim terá uma ação concreta é difícil de engolir. É bem comum que, em uma palestra de 1 hora, você só se recorde dos 15 minutos iniciais dela, visto que fomos educados desde a tenra idade para executar; não sentamos em um lindo campo florido e meditamos sobre o ato de falar, ou respirar ou comer, simplesmente falamos, comemos e respiramos, geralmente mais por imitação do que por prática.

Será que a teoria é algo tão ruim assim?

A resposta está ante os nossos olhos: não, não é! Na verdade, teoria e prática são atos diferentes para uma ação coordenada eficaz e profissional, ou seja, teoria e prática se complementam para o desempenho de uma atividade que se desenvolve bem, com excelência. Sendo assim, quando relato que faço algo sem um processo teórico, na verdade, isso não acontece. Toda ação é coordenada pela interação da teoria e da prática, e na maioria das vezes o que se faz é imitar alguém. Não existe mal algum em imitar. Nossas ações são pautadas por um exercício de observação, adequação e pensar acerca dos outros e da natureza. Nesse processo, elencamos algumas temáticas para saber e outras para imitar. E assim, progressivamente, vamos desejando ir a fundo nas questões de um fato, de uma ciência, pois à medida que nós elegemos o que saber não queremos ficar na superficialidade dos relatos, mas sim entender o processo desse saber; queremos realmente aprofundar o conhecimento.

É exatamente por isso que nos dedicamos a ler, a buscar informações e a estudar, cientes de que o processo formativo é complicado e cansativo, mas o resultado é fantástico e libertador. Recordo de uma professora marcante em minha trajetória que dizia "educação dói". A professora Maria Celi Chaves Vasconcelos sabia bem descrever como o processo de ensino-aprendizagem é um desafio, porém o resultado nos liberta de uma imitação que é pobre e tem um campo de ação extremamente limitado. Nesse contexto podemos perceber que teoria e prática são movimentos únicos para uma nova ação, *práxis*, ou seja, a ação reflexiva sobre o que se pretende fazer. Assim é o processo formativo: sair da ação, ir para a teoria e ser iluminado por ela, e assim reformular a ação.

Sair da ação não é fácil, vivemos em um ativismo enlouquecedor. Em todas as áreas da vida, o trabalho, a família e a Igreja não ficam excluídos dessa dinâmica: quantas reuniões, quantas pastorais sobrepostas, quantos compromissos por vezes desnecessários e improdutivos, porque não paramos para refletir, seguindo direto para ação ou porque executamos sem entender as motivações que fazem parte do processo. A não reflexão sobre a ação nos torna meros repetidores, como uma função de quem aperta o parafuso, mas não sabe por que o aperta. Não podemos perder de vista o objetivo de servir e servir bem, ficar encantado com a missão da Igreja, seja como fiel, leigo, religioso(a) ou sacerdote, ciente de ser discípulo missionário, responsável pela missão para a qual foi Nosso Senhor Jesus Cristo que nos chamou.

Formar não é colocar todos em uma forma, em uma linha de montagem. A Igreja é católica, por isso existe uma diversidade de carismas e ministérios. Em nenhum momento Jesus quis uma uniformidade. Temos uma unidade de fé, que deve ser salvaguardada, porém somos diferentes e vivemos essa catolicidade assim, e sem dúvida essa é uma das maiores riquezas da Igreja.

Um processo formativo implica sair do automático, ou seja, sair da prática, parar, permitir-se parar, dando um tempo de maturação para tudo. Começamos mal quando fazemos sem entender ou sem refletir sobre o que vamos ou precisamos realizar.

Uma verdadeira formação da fé se dá dessa forma, sair da prática, ser iluminado pelas fontes, e assim reformular a sua prática à luz dos valores do Evangelho.

Necessitamos reformular nossas práticas, continuamente; ver, rever, meditar e estudar principalmente aquilo que eu exerço na Igreja, e assim me tornar aquilo que o Senhor mesmo nos pede, discípulos e missionários seus, não meros imitadores, ventríloquos, mas pessoas que se encontraram com o Senhor e o conhecem como a ovelha que conhece o pastor.

"Façam conhecer Jesus Cristo, Ele não é amado porque não é conhecido".

(Santa Madalena de Canossa)

O que pretendemos com este livro?

O texto pretende contribuir ao imperativo de uma formação contínua para que nossos formadores, catequistas, e todos os que se dedicam à evangelização, verdadeiros heróis da fé, que encontram inúmeros desafios no dia a dia da paróquia, sintam-se animados a perseverar mesmo diante do cansaço ou de uma pesca sem frutos.

O texto se propõe a dar subsídios para uma meditação orante dos passos de Jesus e da Igreja, utilizando como exemplo o próprio Senhor e os Santos que souberam perpetuar sua missão na Terra. O livro ainda tem como objetivo trazer alento e fortaleza na caminhada cristã, através de uma mensagem de fé, esperança e caridade.

Para tanto, os conteúdos apresentados neste livro podem ser trabalhados de maneira individual ou em grupos de reflexão, com uma breve condução e discussão das temáticas e realização das atividades propostas no término de cada capítulo. Sua proposta pode ser desenvolvida em diversas ocasiões pastorais, tais como: círculos bíblicos, retiros, vivências e a todos os momentos que possamos necessitar de formação e um avivamento na fé.

Essas reflexões, as quais lhes apresento, vêm me acompanhando ao longo de alguns anos em diversas formações para catequistas, líderes pastorais, e movimentos, e são resultados de uma experiência vivida. Desejo que elas frutifiquem na sua realidade do mesmo modo que nasceram e frutificaram em minha vida diariamente. Que possam contribuir para um crescimento na fé individual que se refletirá na vivência eclesial. Assim, seja a reflexão dos conteúdos uma possibilidade de receber para dar, formar-se para formar, sendo um processo sólido e não um mero repetir, que nos limita e nos impede que a beleza da mensagem evangélica alcance toda sua plenitude. Estudar e meditar alicerçados na fé e na razão é obrigação de todo cristão.

1
O SERMÃO DAS BEM-AVENTURANÇAS: UMA CATEQUESE

Deus em sua bondade se revela ao homem na pessoa do seu Filho Único. Isto nós constatamos na *Constituição Dogmática* Dei Verbum *sobre a Revelação Divina* do Concílio Vaticano II de 1965, n. 2.

Afirma:

> Aprouve a Deus, na sua bondade e sabedoria, revelar-se a si mesmo e dar a conhecer o mistério da sua vontade (cf. Ef 1,9), mediante o qual os homens, por meio de Cristo, Verbo encarnado, têm acesso no Espírito Santo ao Pai e se tornam participantes da natureza divina (cf. Ef 2,18; 2Pd 1,4).

O célebre Sermão da Montanha é o primeiro grande discurso de Jesus apresentado pelo evangelista São Mateus. Jesus se torna assim o primeiro a catequizar, revelando um programa de vida a todos que querem pertencer ao Reino.

Moisés nos deu a Torá, os cinco primeiros livros da Bíblia, e Jesus nos dá cinco grandes discursos apresentados por São Mateus: Sermão da Montanha (cf. Mt 5); Discurso da Missão (cf. Mt 10); Discurso das Parábolas (cf. Mt 13); Discurso sobre a Igreja (cf. Mt 18) e Discurso das Oliveiras (cf. Mt 24).

O Sermão da Montanha, texto que vamos apresentar brevemente neste capítulo, não traz um sentimento de continuidade ao judaísmo ou ao Antigo Testamento. Em si, nos apresenta algo a mais, um caminho de santidade, como um protocolo da Nova Aliança à constituição do novo povo de Deus, centrado num programa de vida que se inspira na pessoa de Jesus e em seus ensinamentos.

Jesus se compadece da multidão

"Ao ver aquela multidão de povo, Jesus subiu ao monte. Quando se sentou, os discípulos se aproximaram dele. Tomou a palavra e começou a ensinar" (Mt 5,1-2).

"Vendo a multidão", sem dúvida, é uma mensagem para a humanidade. O Evangelho de Mateus é escrito diretamente para os judeus, mas Jesus não se limita a um grupo ou povo e dirige a mensagem ao novo povo de Deus, a todos os que querem e têm boa vontade para acolher a sua mensagem.

"Subiu ao monte", isto é, colocou-se na presença de Deus, mas Ele é Deus feito homem que quis cumprir as Escrituras. No entanto, antes de começar sua vida pública, as Escrituras nos apresentam o seu precursor, João Batista.

O ministério de João Batista se apresenta aos nossos olhos. É ele quem vai preparar os caminhos do Senhor, como relata o profeta Isaías: *"Alguém proclama: 'Aplainai, aplainai, abri uma estrada, removei os tropeços do caminho do meu povo!'"* (cf. Is 57,14). Jesus é quem vai restaurar todas as coisas, isso é revelado ao ser batizado por João, quando o Pai se manifesta dizendo: "Este é meu Filho muito querido, o meu predileto" (cf. Mt 3,17). Jesus está pronto, tudo foi preparado para que pudesse iniciar a sua missão.

Nesse cenário a missão de Jesus vai começar, sua hora chegou; vai revelar-se ao mundo como aquele que irá salvá-lo.

Os discípulos sabiam bem que Jesus tinha algo a dizer, como alguém que você para e escuta com o coração repleto de esperança porque as palavras podem transformar sua vida, por isso *os discípulos se aproximaram*. A mensagem é para todos, mas primeiramente para aqueles que Ele escolheu para um ministério, para um *múnus*, ou seja, uma função, e mais tarde serão incorporados a Ele no Batismo e na união sacramental na Igreja.

Jesus tinha acabado de ser batizado por João Batista (cf. Mt 3,13-17). O Senhor Jesus abre a sua boca para essa instrução fantástica e o Verbo Encarnado nos presenteia e vai comunicar-se através da sua voz que é o próprio sopro Divino que vem ao encontro do homem.

> Mas quando eu te falar, abrirei tua boca e tu lhe dirás: Assim diz o Senhor Deus; quem ouvir, que ouça. Quem não quiser, não ouça, pois são uma corja de rebeldes (Ez 3,27).

A mensagem de Jesus é uma proposta de santidade. Jesus inaugura sua fala no Novo Testamento mostrando que é mais do que Moisés. Ele é a Lei, Jesus é o Verbo; não elimina o Antigo Testamento, mas dá a plenitude à mensagem, tal como a uma peça que se encaixa em um quebra-cabeças. Nosso Senhor inaugura um tempo da Graça.

> Muitas vezes e de modos diversos Deus falou antigamente a nossos pais pelos profetas. Agora, nos últimos dias, falou-nos pelo Filho que constituiu herdeiro de tudo, por quem criou também o mundo (Hb 1,1-3).

Nesse preâmbulo percebemos que o Antigo Testamento tem todo o seu desfecho no anúncio de Jesus, ou seja, em sua palavra, em sua vida, em seu amor pela humanidade. A partir do seu Batismo Jesus vai começar o seu itinerário público. Mas não o fará sozinho. Ele convidará pessoas para acompanhá-lo, para ouvir seus ensinamentos, para compartilhar as dificuldades, para ajudá-lo a ajudar àqueles que mais necessitam do seu olhar de amor.

PARA REFLETIR

A Palavra de Deus é luz e vida, ilumina mentes e salva as almas, vivifica, fortalece, é caminho e bússola para nossos passos.

- Como eu tenho acolhido a Palavra de Deus como mensagem de amor na minha vida?
- "E a família como vai"? (CF[1] 1994).
- Jesus tomou a palavra e começou a ensinar. Em nossa família proporcionamos momentos de leitura da Palavra de Deus?
- Proporciono momentos de leitura da Palavra de Deus em minha casa?
- Vimos que o Senhor abre a sua boca e vem ao encontro do homem. Olhando para nossa realidade, pensemos: Concretamente, como temos escutado a Palavra de Deus?
- Que gesto concreto podemos realizar para de fato escutar a Palavra de Deus? Como podemos ajudar as pessoas a fazerem a experiência de escutá-la?

Sugestão: Para meditar individualmente tenha em mãos papel e caneta e anote suas reflexões e propósitos. Mas para meditar em pequenos grupos propõe-se eleger um dos participantes para anotar e partilhar o que foi comentado para o grande grupo.

---

[1] Campanha da Fraternidade.

Jesus nos apresentará as 8 Bem-aventuranças

"Felizes os que têm espírito de pobre, porque deles é o reino dos céus" (Mt 5,3).

A pobreza para os judeus, principalmente para os partidos dos fariseus, é uma maldição; isso não se encontra de forma clara no Antigo Testamento, mas é denunciado por Jesus nos evangelhos (cf. Lc 18,9). Ser pobre não era a simples falta de recurso. Para o povo do Antigo Testamento era o castigo por um pecado cometido, era um sinal de pecado. A personificação do pecador é o leproso, esmagado por Deus por seus delitos e excluído socialmente. O fruto do pecado para essa interpretação judaica é o sofrimento físico. A teologia da prosperidade, que é judaica, vê as intempéries da vida natural como um afastamento de Deus, algo que se assemelha e muito com nossas comunidades cristãs de hoje, que veiculam a bênção, a prosperidade e a maldição ao pecado.

É lícito reduzir e amenizar o sofrimento, tornar a vida mais amena, mais leve, porém é impossível uma vida e o cristianismo sem a dimensão do sofrimento. Essa faceta da vida humana é recorrente a qualquer ser humano, e vivê-la bem faz parte de um itinerário de misericórdia. Quantas vezes nos tornamos pessoas melhores quando passamos por um sofrimento ou saímos robustecidos na fé, na esperança e na caridade. Ajuda-nos a entender melhor essa reflexão as palavras da padroeira das missões, Santa Teresa de Jesus:

> Bem ao contrário de me lamentar, alegro-me porque o Bom Deus me permite sofrer ainda mais por seu amor (CT[2] 263).

O tema da pobreza é uma constante no Antigo Testamento e seu sentido é claro. Como uma chave de leitura para uma era messiânica, Jesus indica que a cobiça afasta a pessoa de Deus, por isso o tema da pobreza está associado não apenas à pobreza física, material, mas à pobreza de alma, à ausência de humildade, de caridade, de misericórdia...

A Igreja sempre deixou clara sua mensagem preferencial ao pobre, mas nos parece paradoxal que alegria tem em ser pobre? Jesus estabelece aqui um itinerário de santidade, de conquista para a felicidade ao anunciar que se queres o Reino de Deus seja humilde, não seja ganancioso, não se envergue à cobiça, ao dinheiro e ao poder. Essa chave de leitura nos realça o verdadeiro sentido do *"Felizes os pobres"*, pois o pobre é o despojado de tudo, o despossuído, aquele que é livre para abraçar o Senhor, pois não existe amarras humanas em sua vida. Assim, ao mencionar no texto *"Felizes os*

---

[2] Cartas de Santa Teresa de Lisieux.

puros de coração" podemos afirmar que o sentido *"de coração"* vem da essência da escolha e não de uma imposição. Jesus nos pede algo que não é Lei, no sentido estrito da palavra, é um caminho para a santidade, isso é ser generoso, dar mais do que é justo, exceder, ter um coração igual ao de Jesus, reconhecer-se pobre diante de Deus, humilhar-se vendo a grandeza de Deus e a nossa pequenez e o que Ele fez com a nossa natureza, nos tornou partícipes de sua missão, a de salvar a humanidade.

"Felizes os que choram, porque serão consolados" (Mt 5,4).

Quem não precisa de consolo? Que ser humano não precisa de um ombro amigo em um momento de dificuldades? Uma perda familiar, um desemprego, um sentimento de impotência, uma doença, tantas são as aflições do homem, seus anseios estão também em alcançar o consolo de Deus.

Diante das necessidades do homem, Deus não fica alheio ao seu sofrimento, à aflição do seu povo eleito. Ele envia seu próprio Filho para que quem nele crer não pereça, mas tenha vida, e vida em abundância. E Jesus é quem nos apresenta essa realidade espetacular na segunda Bem-aventurança.

Ao buscarmos o cuidado de Deus constatamos que Ele se volta ao seu povo no Antigo Testamento e lhe diz:

> Decidi, portanto, tirar-vos da opressão egípcia, e conduzir-vos à terra dos cananeus, dos hititas, dos amorreus, dos ferezeus, dos heveus e dos jebuseus, a uma terra onde corre leite e mel! (Ex 3,17).

Portanto, podemos afirmar sem medo de errar que o povo de Deus no Antigo Testamento foi testemunha do beneplácito divino inúmeras vezes, seja para consolar os aflitos, seja para libertar dos temores, seja para anunciar a liberdade aos cativos e proclamar um ano de Graça e Redenção. Isso é demonstrado diversas vezes no Antigo Testamento como o Senhor é misericordioso e compassivo, mudando morte em vida, luto em festa. Jesus vai anunciar esse projeto de salvação primeiro aos seus vizinhos, àqueles que estavam próximos dele, aos seus parentes e conhecidos. Jesus expressa isso quando ao entrar na sinagoga de Nazaré apresenta o seu programa ao realizar a leitura do livro do profeta Isaías:

> O espírito do Senhor Deus está sobre mim, porque ele me ungiu para anunciar a boa-nova aos pobres; enviou-me para proclamar aos aprisionados a libertação, aos cegos a recuperação da vista, para pôr em liberdade os oprimidos, e para anunciar um ano da graça do Senhor (cf. Is 61,1-3).

> Jesus fechou o livro, devolveu-o ao assistente e sentou-se. Os olhos de todos os presentes na sinagoga fixaram nele. Então começou a falar-lhes: "**Hoje se cumpriu esta passagem da Escritura que acabais de ouvir**". Todos se puseram a falar dele e, maravilhados das palavras cheias de graça que saíam da sua boca, diziam: "Não é este o filho de José?" (Lc 4,18-22).

O Senhor Deus cuida ainda hoje de seu povo, nos revela seu rosto; isso se comprova na passagem que acabamos de ler e essa se conecta perfeitamente com as Bem-aventuranças. Jesus é o consolador, o Messias, aquele que vem trazer um bálsamo aos corações ressequidos pelos frutos amargos que a vida ofereceu e que muitas vezes nós plantamos sem saber as consequências, e espremidos pelas circunstâncias da vida nos afastamos do Senhor, porém Ele vem ao nosso encontro, nos consola, nos julga com amor e com misericórdia. Como um pai que ama o filho e quer que seus caminhos sejam aplainados, nos chama, nos interpela, entra em nossa história e nos transforma naquilo que Ele anuncia: filhos do Reino de Deus. Ele transformará a cinza em coroa, seu luto em perfume de festa. Esse é o Senhor Jesus, que transformou a cruz em altar.

"Felizes os mansos porque possuirão a terra" (Mt 5,5).

Pobre e afligido, oprimido e marginalizado, as três primeiras Bem-aventuranças giram em torno dessa temática que poderia ser tratada unicamente: pobres, aflitos e oprimidos serão consolados com a terra e o céu. A garantia que o Senhor Jesus nos apresenta é que os sofrimentos das nossas vidas não passam despercebidos do seu olhar de amor, isso nos traz uma confiança enorme para enfrentarmos de peito aberto e ânimo generoso as tempestades da vida contemporânea, pois a mensagem evangélica não é um moralismo. Ele que nos chamou, nos dá a Graça para que possamos viver e alcançar a plenitude, a vida em abundância. A terra não é apenas um pedaço de chão, é a bênção, o sustento, o labor que dignifica, é o pão que sustenta, é a vida que brota para glorificar a bondade infinita de Deus.

"Felizes os que têm fome e sede de justiça, porque serão saciados" (Mt 5,6).

Fome e sede são metáforas frequentes de desejo intenso, da necessidade sentida, de uma súplica de algo que falta e que é fundamental para a vida. Deus pode ser também o objeto dessa súplica, da carência que permeia a vida da humanidade. A justiça corresponde ao reinado de Deus e o próprio Jesus é quem abre a boca e fala, se autoapresenta como aquele que vai trazer o Reino e sanar todas as carências de sede, de fome e de justiça. Ele, o Senhor, tem essa prerrogativa messiânica, de restaurar e salvar, como fora apresentado anteriormente no texto de Is 61, a missão do profeta.

Seremos assim saciados por aquele que combate ao nosso favor (cf. Eclo 4,28), e já é chegada a hora. Jesus se apresenta como aquele que saciará o seu povo, que lutará nas trincheiras e recompensará com o seu Reino, isto é, trará a justiça para os que têm fome e para os que têm sede.

"Felizes os misericordiosos, porque alcançarão misericórdia" (Mt 5,7).

A misericórdia ou a piedade é um dos atributos máximos de Deus, como podemos verificar no Livro do Êxodo:

> Enquanto o Senhor passava diante dele, exclamou: "Senhor, Senhor! Deus compassivo e clemente, lento para a cólera, rico em amor e fidelidade. Ele conserva a bondade por mil gerações e perdoa culpas, rebeldias e pecados, mas não deixa ninguém impune, castigando a culpa dos pais nos filhos e netos até a terceira e quarta geração" (Ex 34,6-7).

Essa misericórdia arrebatadora de Deus nos impele a uma confiança imensa, pois sabemos que o Senhor é compassivo, porém nos remete a imitá-lo, a seguir seus passos, a estarmos unidos a Ele no exercício da misericórdia. Santo Agostinho, de Hipona, lembra-nos que a misericórdia é a compaixão que experimentamos pela miséria alheia quando olhamos para um irmão e percebemos suas mazelas, por isso devemos exercitar essa compaixão. Disso podemos entender que compaixão é o sofrimento compartilhado. Devemos, nesse sentido, ter uma misericórdia efetiva, ou seja, ir ao encontro daquele que necessita de nosso olhar cristão, exercitando assim as obras de misericórdia corporais (Dar de comer a quem tem fome; Dar de beber a quem tem sede; Dar pousada aos peregrinos; Vestir os nus; Visitar os enfermos; Visitar os presos e Enterrar os mortos) e espirituais (Ensinar os ignorantes; Dar bons conselhos; Corrigir os que erram; Perdoar as injúrias; Consolar os tristes; Sofrer com paciência as fraquezas do nosso próximo; Rezar a Deus por vivos e mortos) propostas pela Igreja.

Jesus não veio cumprir sua vontade e sim a do Pai, foi ao encontro daqueles que necessitavam do seu olhar de amor. Jesus veio para o homem total e não fragmentado. Cuidar das coisas do alto faz parte de sua plenitude e vivência cristã, porém o físico e o social são indissociáveis do espiritual, não somos metades, não somos fragmentados, portanto a caridade efetiva, fundamentada na Doutrina Social da

Igreja é obrigação de todo católico, principalmente daqueles que atuam na formação e educação da fé como catequistas, missionários, assessores de cursos, que são muitas vezes o primeiro contato que uma pessoa tem com a Igreja.

Ter em sua formação a cultura da misericórdia, do amor cordial e a educação para as virtudes é fundamental para que nós construamos juntos a civilização do amor, que é fruto da misericórdia efetiva, não é alheia e nem avessa ao sofrimento do próximo.

"Felizes os puros de coração, porque verão a Deus" (Mt 5,8).

Os sinceros com Deus e com os homens verão a Deus. Jesus faz uma crítica forte ao farisaísmo que é um dos símbolos de máscara, de dualidade de vida, sepulcro caiado, da corrupção moral.

A palavra sinceridade é autoexplicativa, sem cera. Os escultores do renascimento, quando cometiam algum erro em sua obra, cobriam os buracos deixados por uma martelada no cinzel mal dada com uma massa de cera de abelha e pó de mármore. Um futuro comprador ao se aproximar da obra sempre perguntava: essa obra é *sinecera*, isto é, sem cera, e a provava no fogo para ter certeza disso. Ser sincero é não esconder nada em seu interior, ser translúcido com Deus e com os homens.

A mensagem de Jesus, reitero, não é um moralismo, a chave de leitura para o Sermão da Montanha é a vida no Espírito Santo, uma vida de santidade, que nos abre para as Bem-aventuranças do céu. Somos então chamados a essa vida em abundância, porém aquele que nos chama também nos dá condições de sermos, como nos ilustra o salmista:

> Quem pode subir ao monte do Senhor? Quem ficará em seu lugar santo? Aquele que tem mãos inocentes e o coração puro, que não se entrega à falsidade nem jura com perfídia. Este receberá a bênção do Senhor e a justiça de Deus, seu Salvador (cf. Sl 24,3,5).

O Deus Salvador é Jesus, que abre a boca e fala, e mais uma vez nos convida a uma vida configurada a Ele, uma vida de santidade diante dos seus olhos e dos irmãos.

A pureza proposta por Jesus é uma pureza que vem de dentro, não um mero formalismo, mas algo que contagia por ser verdadeiro e profundo. Nesse sentido, podemos dizer que as palavras sinceras, verdadeiras, duram longo tempo; já aquelas que são mentirosas, que enganam sobre o sentir e pensar, têm pouco tempo, são passageiras (cf. Pr 12,19).

É necessário que saibamos parar e pedir ao Senhor um coração puro, que não é vaidoso, que saiba amar e que é, acima de tudo, verdadeiro.

"Felizes os que promovem a paz, porque serão chamados filhos de Deus" (Mt 5,9).

A paz é uma das prerrogativas principais do anúncio messiânico, a tradição aplicou a Jesus o título de *"príncipe da paz"* (Is 9). Jesus anuncia um Reino de paz, reino esse que Ele é protagonista, príncipe e embaixador. A paz e a harmonia são temáticas recorrentes no Antigo Testamento e garantia de uma vida contente como nos relata Salomão: *"No coração de quem planeja o mal há falsidade, mas têm alegria os que aconselham a paz"* (Pr 12,20).

Paz é um bem escasso em nossos dias. Perturbado por milhares de coisas, o homem perdeu em parte o encantamento com a paz, com a concórdia e com a calmaria, atributos esses que são propícios para uma vida tranquila, justa e reta. Isso não quer dizer que as buzinas e fumaças do dia a dia não nos permitirão uma vida de santidade. A paz deve ser um bem-amado, desejado e propagado, pois como nos alude a música do querido Pe. Zezinho, nós somos *"fazedores da paz"*.

Cabe lembrar que os judeus, por tradição, oferecem a paz, na chegada e na partida. Jesus repete isso no cenáculo junto aos apóstolos ao dizer: *"Deixo-vos a paz, eu vos dou a minha paz. Eu vo-la dou não como o mundo dá"* (cf. Jo 14,27). O real significado dessa passagem remete ao Sermão da Montanha, em que Jesus tem uma maneira de nos revelar como viver a paz, não uma paz mundana, uma harmonia passageira, um *"estar de bem com a vida"*, algo que acontece como uma mágica, mas apresenta a verdadeira paz: a paz em Deus.

Cristo nos dá a sua paz, abundantemente, e nos convida a propagarmos, e nos dá uma recompensa se cumprirmos essa empreitada: *"...porque serão chamados filhos de Deus"* (Mt 5,9b). Filhos de Deus serão aqueles que promovem a minha paz, diz Nosso Senhor. Ser protagonista da paz não é buscar apenas uma recompensa, é amar Cristo e seus irmãos.

Uma cultura da paz se propõe a partir de uma vigilância em nossos comportamentos cotidianos, na família, no trabalho e na Igreja. Não é fácil, pois a discórdia por vezes domina nossas falas, nossos encontros e pastorais. Quantas divisões por um olhar atravessado, por um sorriso que faltou ao encontro com o irmão.

São meios para desenvolver uma experiência de construção da paz: o silêncio e a introspecção. A meditação cristã é um grande instrumento para a busca de recursos que contribuem para promover a paz. Também é importante realizar um olhar para si analisando seu agir e pensar para que conhecedor de si possa ir ao encontro dos demais. A paz de Jesus é caminho, amor e vida, que deve ser pautada na *Cultura* do Diálogo, como indicado pelo papa Francisco, *"construir pontes e [...] encontrar respostas para os desafios do nosso tempo"*[3]. Eis aí algo que precisamos ser: pontes de paz.

---

[3] Papa Francisco. Discurso aos participantes na Plenária da Congregação para a Educação Católica, 9 de fevereiro de 2017.

Alguém que experimentou a paz, jamais se acostumará com o barulho ensurdecedor da guerra.

"Felizes os perseguidos por causa da justiça, porque deles é o reino dos céus" (Mt 5,10).

A injustiça é um flagelo de todos os tempos. Ser condenado injustamente ou não receber da justiça dos homens a justa compensação por algo que lhe foi subtraído é uma marca na alma que só Deus, o justo juiz, pode curar.

Ter confiança nessa benesse divina nos faz crescer na virtude teologal da esperança, que não decepciona. São Paulo, dando o exemplo de Abraão, nos brinda com uma belíssima catequese: *"...Contra toda esperança teve fé na esperança de ser pai de muitas nações"* (Rm 4,18). A fé de Abraão contra todos os prognósticos se aplica perfeitamente aos perseguidos e injustiçados. A promessa de Jesus se cumpre nele, o Reino de Deus pertence a vós.

Jesus passando para a segunda pessoa verbal acrescenta um apêndice na oitava Bem-aventurança:

> Felizes sereis quando vos insultarem e perseguirem e, por minha causa, disserem todo tipo de calúnia contra vós. Alegrai-vos e exultai, porque grande será a vossa recompensa nos céus. Foi assim que perseguiram os profetas antes de vós (Mt 5,11-12).

Jesus profetiza a perseguição dos primeiros cristãos e os anima a serem firmes na fé e a herdarem a coroa incorruptível, relata São Paulo. A grande chave de leitura dessa passagem está em: "por minha causa". Isto significa dizer que os seguidores de Jesus são aqueles que lutam por uma causa que lhes foi apresentada, aceitaram-na e fizeram uma experiência com o próprio Jesus – uma pedagogia do encontro – e se tornaram testemunhas e agora são perseguidos por sua opção. É uma mensagem muito forte, em suma Jesus disse: Se aceitares o que eu te digo, serás perseguido. Quem pode aceitar essa mensagem? Aquele que foi transformado por ela e entendeu que é preciso buscar o bem, o amor, a justiça, acima de tudo. Alguém que passou por um processo de conversão.

A mensagem aumentará o grau de entrega em seus próximos versículos, e de comprometimento daqueles que se propõem a seguir os ensinamentos de Jesus a dar continuidade à sua missão. Para isso é preciso assumir ser sal e luz.

> Vós sois o sal da terra. Mas se o sal perde o gosto salgado, com o que se há de salgar? Já não servirá para nada, apenas para ser jogado fora e pisado pelas

pessoas. Vós sois a luz do mundo. Não é possível esconder uma cidade situada sobre um monte, nem se acende uma lamparina para se pôr debaixo de uma vasilha, mas num candelabro, para que se ilumine todos da casa. É assim que deve brilhar vossa luz diante das pessoas, para que vejam vossas boas obras e glorifiquem vosso Pai que está nos céus (Mt 5,13-16).

Jesus fala nessa belíssima passagem para um grupo separado, restrito. Está com seus discípulos, com aqueles que já creram nele e estão dispostos a levar a sua mensagem a todos os povos. Jesus imprime um caráter à sua Igreja nascente, individualmente em cada experiência, mas de maneira total como comunidade, corpo místico de Cristo.

O sal não apenas dá sabor. Além de ter sido a primeira moeda de larga escala da história – daí a origem da palavra salário –, tem uma propriedade fantástica: conservar. Ser sal é dar gosto e conservar as coisas, é uma missão, um ideal, um sentido; dar gosto e conservar a própria vida e a de seus semelhantes, de toda a natureza.

Jesus nos propõe a missão de ser sal, ser luz e ser uma cidade construída no monte. Isso parece difícil de realizar, porém quem chama a missão de a Graça necessária para que ela seja cumprida veja o que São Paulo fala à comunidade de Corinto na Grécia:

> Irmãos, olhai para vós que fostes chamados por Deus: não há muitos sábios segundo a carne, nem muitos poderosos, nem muitos nobres. Antes, o que o mundo acha loucura, Deus o escolhe para confundir os fortes (1Cor 1,26).

Não somos os mais sábios, os mais preparados, mas somos os que Deus chamou. Ele chama diariamente, porém poucos respondem, e isto nos revela que *"A colheita é grande, mas os trabalhadores são poucos"* (cf. Lc 10,1b).

Jesus nos dá sua Graça para que possamos viver aqui o que viveremos no céu. Uma ótima chave de leitura para essa passagem é a vida dos santos. Contemplar os heróis do cristianismo é ter a certeza de que essa santidade não é uma missão desamparada e solitária, é um chamado que é sustentado por Deus. Como então ser sal da terra e luz do mundo? Uma vida configurada com Jesus é uma vida plena em abundância e paz, como Ele mesmo prometeu, não apartada de sofrimentos humanos, mas com alicerces sólidos para que as tempestades não a abalem e possamos seguir firmes na barca de Pedro, que é a Igreja. A vida interior: meditação, oração, jejum, vida sacramental, nos dará suportes para que possamos resplandecer o Cristo e sermos verdadeiramente a *"alma do mundo"*, dando gosto e iluminando com nossa prática na educação da fé.

PARA REFLETIR

A Palavra de Deus é luz e vida, ilumina mentes e salva as almas, vivifica, fortalece, é caminho e bússola para nossos passos.

Vamos nos lembrar das 8 Bem-aventuranças e identificar como elas podem melhorar as nossas vidas como agentes pastorais, pais e filhos.

Na sequência propomos uma reflexão que tanto pode ser realizada individualmente como em grupo.

Para grupo
- Dividir os participantes em 8 grupos. Cada grupo será responsável por meditar uma Bem-aventurança com bases nas perguntas indicadas a cada tema de reflexão e apresentar para os demais.
- Todos os grupos devem falar da relação da Bem-aventurança com ser: "Sal da Terra e Luz do Mundo" (Mt 5,13-16).
- Combinar o tempo para o desenvolvimento desta atividade. Sugere-se 20 minutos.

Para meditar individualmente
- Poderá meditar uma Bem-aventurança por dia.
- No momento que se dedicar a meditar, tenha em mãos papel e caneta e anote suas reflexões e propósitos. Anotar ajuda a organizar melhor o entendimento, a se autoavaliar e identificar o seu próprio crescimento.
- Tenha presente em sua reflexão, meditação, a relação da Bem-aventurança com ser: "Sal da Terra e Luz do Mundo" (Mt 5,13-16).
- Após ter passado por todas as Bem-aventuranças leia suas anotações, relacione as que lhe ajudaram a perceber sobre suas atitudes em relação a si mesmo, a Deus e ao próximo.

1 *"Felizes os que têm espírito de pobre, porque deles é o reino dos céus"* (Mt 5,3).

- O que é ter um espírito pobre?
- Qual a sua relação com os bens materiais?
- Qual a relação da Bem-aventurança com o pedido de Jesus: ser *"Sal da Terra e Luz do Mundo?"*.

2 *"Felizes os que choram, porque serão consolados"* (Mt 5,4).

- Como eu lido com as perdas da vida, com desespero? Ou com a esperança proposta por Jesus? Converse com seu grupo e partilhe como depositar a confiança em Jesus em todos os momentos.
- Você conhece alguém em estado depressivo? O que podemos fazer para ajudar?
- Qual a relação da Bem-aventurança com o pedido de Jesus: ser *"Sal da Terra e Luz do Mundo?"*.

3 *"Felizes os mansos porque possuirão a terra"* (Mt 5,5).

- Você age com mansidão em suas decisões? Espera Deus lhe consolar? Ou é intempestivo? O que podemos fazer para melhorar?
- Confia plenamente que Jesus vê o seu sofrimento e o canaliza para ser uma pessoa melhor? Como?
- Qual a relação da Bem-aventurança com o pedido de Jesus: ser *"Sal da Terra e Luz do Mundo?"*.

4 *"Felizes os que têm fome e sede de justiça, porque serão saciados"* (Mt 5,6).

- O homem busca algo para matar sua fome e sede de Deus, de infinito. Quais as fontes que ele busca para responder suas angústias e inquietações?
- A justiça na Bem-aventurança é o Reino de Deus. Como tem trabalhado para que suas buscas o leve a Ele? O que é possível fazer para saciar a fome de Deus dos nossos irmãos que estão afastados desse manancial?
- Qual a relação da Bem-aventurança com o pedido de Jesus: ser *"Sal da Terra e Luz do Mundo?"*.

5. *"Felizes os misericordiosos, porque alcançarão misericórdia"* (Mt 5,7).

O perdão é o exercício do amor de maneira afetiva e efetiva. Perdoar é dar a oportunidade para que o amor cure as feridas, que a vida seja transformada e a dignidade restaurada.
- Quem você precisa perdoar: Um membro da família, cônjuge, filho, ... Irmão de Comunidade? Você mesmo?
- Por que encontramos dificuldades em perdoar ao próximo? E a nós mesmos?
- Agir com misericórdia pressupõe a prática das obras de misericórdia, tanto corporais como espirituais, que a Igreja nos recomenda. Pare e pense:
  - Quais dessas obras corporais precisam de sua atenção?
- Qual a relação da Bem-aventurança com o pedido de Jesus: ser *"Sal da Terra e Luz do Mundo?"*.

Um desafio: Que tal organizar uma visita a enfermos?
- Programe: Quem? Onde? E quando?

6. *"Felizes os puros de coração, porque verão a Deus"* (Mt 5,8).

A pureza está em nosso coração, mas se reflete em nosso comportamento. Como anda nosso comportamento?

Nossos olhos enxergam apenas o pior no irmão. Sabemos elogiar?
- Costuma falar mal dos irmãos de comunidade, dos amigos, dos parentes?
- Tem a consciência de que não somos perfeitos? E como busca a pureza que Cristo nos dá?
- Qual a relação da Bem-aventurança com o pedido de Jesus: ser *"Sal da Terra e Luz do Mundo?"*

7. *"Felizes os que promovem a paz, porque serão chamados filhos de Deus"* (Mt 5,9).

- Na vida comunitária, no trabalho e na família escuta na mesma proporção que fala?
- Oferece a oportunidade para que o outro, mesmo pensando diferente, possa se expressar, promovendo assim a cultura do diálogo e da paz?
- Consegue identificar a diferença entre o "bem-estar" do mundo e a paz que Cristo nos dá? Aponte as diferenças.
- Qual a relação da Bem-aventurança com o pedido de Jesus: ser *"Sal da Terra e Luz do Mundo?"*

8 *"Felizes os perseguidos por causa da justiça, porque deles é o reino dos céus"* (Mt 5,10).

A Justiça na Bem-aventurança é o Reino de Deus. Ser perseguido nesse contexto como vimos no texto é ser perseguido por causa de Cristo, dos valores que dignificam a vida.

- Já se sentiu discriminado ou hostilizado por ser católico?
- Você acolhe bem as pessoas?
- Você sabe reconhecer e dar os créditos às contribuições e ao trabalho das pessoas que o cercam?
- Você considera a sua comunidade acolhedora a novos participantes? O que se pode fazer para melhorar essa recepção?
- Para você é fácil trabalhar em equipe? Por quê?
- Nas atividades pastorais de sua comunidade há diálogo e partilha, ou existe uma competição velada? O que podemos fazer para que as pessoas se mobilizem a somar forças?
- Qual a relação da Bem-aventurança com o pedido de Jesus: ser *"Sal da Terra e Luz do Mundo?"*.

2

JESUS E A SAMARITANA – O ENCONTRO COM O SENHOR

A primeira vez que a história dessa mulher, que encontrou com o Senhor no poço de seu povoado, entrou na minha vida, foi na minha formação catequética, tardia, por volta dos 15 anos de idade. Acolhido pelas queridas irmãs Canossianas, que ficaram responsáveis por minha iniciação cristã, fiquei apaixonado por esse enredo impactante, lembro que era o 3º domingo da Quaresma daquele ano de 1996 e o Pároco, um *"Fidei Donum"*[4] italiano, Francisco Montemezzo, que muito contribuiu para a minha formação cristã, fez uma homilia fantástica, e me fez perceber quão grandiosa era a *"água-viva"*. Lembro ter sido a primeira vez que me emocionei na Igreja, e percebi quantos cânticos seguram a nossa vida de um encontro pessoal com Jesus, que nessa bela página do Evangelho designa-se a vir até nós, tendo como exemplo a desolação da Samaria e o poço seco do coração da mulher que lá habitava.

São João, como uma águia, voa alto!

São João faz brilhar seu talento ao narrar o encontro de Jesus com uma mulher de nome desconhecido, a samaritana. Essa mulher que é chamada pelo nome do lugar onde reside, e que é cheio de significados, é interpelada por Jesus, que lhe pede água, em uma narrativa cheia de pormenores. O Senhor, de maneira paulatina, vai se desvendando gradativamente a essa mulher de poucas esperanças. Jesus vai promovendo lentamente uma abertura em seu coração duro e desacreditado revelando aos poucos que é o Messias, aquele que pode dar uma água-viva e que marcará um novo início em sua vida, uma vida de missão, uma vida nova que nasce do encontro com Ele, e que a torna uma missionária, e por que não dizer uma catequista.

---

[4] Termo designado para um padre missionário diocesano. Surgiu com o papa Pio XII que escreveu a encíclica "Fidei Donum" em abril de 1957.

Vamos fazer uma pausa e olhar para o itinerário de Jesus realizado até a Samaria, que nos é apresentado pelo evangelista João, que nos relata os seguintes momentos: Narra primeiramente, de maneira belíssima, a encarnação do Verbo (cf. Jo 1,14). No versículo 19 do capítulo 1 relata o testemunho de João Batista e no versículo 35 apresenta Jesus escolhendo seus primeiros discípulos: *"Vinde e vede"* (cf. Jo 1,39b). Já no segundo capítulo deste Evangelho Jesus manifesta toda sua glória por intercessão de Maria, *"...fazei o que Ele vos disser"* (cf. Jo 2,5b), nas bodas em Caná, e ainda expulsa com veemência os vendilhões do templo dizendo que a casa de seu Pai se tornou um mercado (cf. Jo 2,16b). No terceiro capítulo tem um diálogo fantástico com Nicodemos, ao falar de um possível novo nascimento, referindo-se ao Batismo, o qual se expressa assim: *"...Na verdade eu te digo: quem não nascer da água e do Espírito Santo não pode entrar no reino de Deus"* (cf. Jo 3,5b).

O evangelista prossegue e apresenta novamente a figura de João Batista que aponta para Jesus como o Messias (cf. Jo 3,27b), e voltando para a Galileia atravessa a Samaria e ali também converte uma alma, que ao se converter converterá outras almas sedentas.

"Os fariseus ouviram dizer que Jesus fazia mais discípulos e batizava mais que João – embora não fosse Jesus que batizasse, e sim os discípulos. Ao saber disso, ele deixou a Judeia e voltou para a Galileia. Ele tinha de passar pela Samaria. Chegou assim a uma cidade da Samaria chamada Sicar, próxima das terras que Jacó havia dado ao seu filho José" (Jo 4,1-5).

O povo de Deus se dividia em: judeus bem-nascidos, galileus médios e samaritanos, estes últimos conhecidos como idólatras por conta de um sincretismo religioso com deuses de sua vizinhança. É na Samaria que, de certo modo, entram as práticas ditas pagãs desde os tempos remotos da invasão dos assírios em 721 a.C. Esse território foi invadido por outros povos e a enculturação religiosa fez com que a Samaria e seus habitantes fossem vistos com muita hostilidade e desprezo pelos judeus. Os samaritanos não eram considerados verdadeiros judeus e, portanto, desprezados pela elite de Jerusalém.

Jesus, porém, tem uma missão neste lugar desprezado por todos. Mais uma vez reclina seu olhar de amor aos menores e cumpre a profecia de Isaías: *"Tirareis água com alegria das fontes da Salvação"* (Is 12,3) e *"Oh! Vós todos que tendes sede, vinde às águas! Mesmo que não tenhais dinheiro, vinde! Comprai cereais e comei! Mesmo sem dinheiro ou pagamento, vinde beber vinho e leite!"* (Is 55,1).

"...Ali estava o poço de Jacó. Cansado da viagem, Jesus sentou-se à beira do poço. Era quase meio-dia. Uma mulher da Samaria veio tirar água. Jesus lhe diz:
– Dá-me de beber. Os discípulos tinham ido à cidade comprar mantimentos" (Jo 4,6-8).

A primeira grande cena deste encontro está sobre o símbolo fantástico da água, um sacramental de todos os tempos, presente em todas as culturas, elemento crucial para a vitalidade humana, de modo especial para as regiões desérticas, onde o calor é escaldante. Jesus chega ao poço, *"era meio-dia"* para os povos seminômades, esse lugar era um bálsamo diante de uma vida de sofrimento e labuta. As imagens de sede e calor são encontradas inúmeras vezes no Antigo Testamento.

O Livro do Gênesis não menciona o poço, mas menciona que Jacó comprou o terreno (cf. Gn 33,19). Uma das grandes chaves de leitura para essa belíssima passagem são os elementos apresentados: poço e patriarca.

O diálogo será uma bela trama de pedir e recusar, como uma apresentação pedagógica. Jesus vai se apresentando, e como na cruz pede água para dar a fonte.

O distanciamento dos discípulos deixa a sós homem e mulher. Com maestria, a descrição de João nos faz entender esse pano simbólico do amor. Junto ao poço acontece o encontro de duas realidades, nele também acontecem os encontros de Rebeca, Raquel, Séfora (cf. Gn 24,29; Ex 2,15-22).

Deus tem sede de mim, vem ao meu encontro e me pede algo caro. Os grandes místicos dizem que Jesus tem sede das nossas almas: *"tenho sede"* (Jo 19,28), como em seu momento derradeiro na cruz. Jesus pede a vida da mulher, quer resgatá-la como ao seu povo, por isso ela não tem nome, carrega o nome do lugar em que vive. Jesus veio resgatar a todos os samaritanos de ontem e de hoje.

"A mulher samaritana respondeu lhe:
– Como é que tu, um judeu, pedes de beber a mim, que sou samaritana? Pois os judeus não se dão com os samaritanos" (Jo 4,9).

Como uma das causas da inimizade entre judeus e samaritanos podemos considerar o fato do rei Roboão, que sucedeu seu pai, o grande rei Salomão, por volta de 931 a.C., cuja ascensão ao trono não foi nada tranquila. Roboão viu-se encurralado pelas despesas oriundas do governo do pai, como também uma grande quantidade de escravos para manter as obras quase faraônicas de Salomão, isso causou revolta entre as tribos que perceberam que Roboão não ouviria suas queixas. Em suma, o reino se dividiu em: Reino de Israel ao norte, com capital em Siquém na Samaria, e Reino de Judá ao sul, com a capital em Jerusalém. A inimizade não vem apenas desse fato, como relatado no início desse capítulo. Em nossa reflexão o fato interessante foi como a mulher samaritana descobriu que Jesus era judeu, provavelmente pela maneira de falar e de se vestir. Para a mulher a caridade de dar de beber tem uma fronteira territorial, suas palavras são cheias de deboche e zombaria. *"Então o povo da terra começou a desencorajar os judeus...* (Esd 4,4).

A mulher não tem noção de quem está em sua frente, então, desdenha do pedido.

Jesus responde já propondo uma reflexão, ela vai sofrer uma verdadeira metabasis – μεταβασισ, ou seja, conversão.

"Em resposta Jesus lhe disse:
– Se conhecesses o dom de Deus e quem é que te diz 'dá-me de beber', seria tu que lhe pedirias, e ele te daria água-viva" (Jo 4,10).

Se soubesses o que eu posso te dar, Jesus se apresenta como o sentido que a mulher queria para a vida, sal e luz, água; uma água que vai saciar toda a sua sede, não uma água qualquer, mas uma água-viva. Se soubesses o que posso te dar, mulher, tu me pedirias água e não eu a você. Conhecer o dom e a pessoa, quem é que está falando contigo, ela irá descobrir gradualmente. Jesus lhe oferece o dom da fé como veremos nos versículos que se sucedem. Claro que a princípio ela não entende que tipo de água nosso Senhor está oferecendo. Ela considera que é a água do poço e o indaga pelo fato de não ter o balde para pegar a água.

"A mulher disse:
– Senhor, não tens com o que tirar a água e o poço é fundo, donde tens, pois, essa água-viva? Por acaso és maior que nosso Pai Jacó, que nos deu o poço do qual ele bebeu junto com os filhos e os rebanhos?" (Jo 4,11-12).

Começa de maneira sutil, uma dinâmica de oferecer e negar. A mulher não entende o que esse homem, ainda misterioso, quer oferecer e refere-se à água do poço e à sua dinâmica como uma maneira de refutar aquela oferta feita por Jesus, e ainda em tom debochado pergunta se Ele é maior do que Jacó. A mulher ainda não tem a capacidade de entender de que tipo de água Ele está falando. Ela não percebeu que não é a água do poço que lhe é oferecida, mas é o próprio dom de Deus, algo que vai saciá-la totalmente. Na tradição bíblica o simbolismo da água é riquíssimo, restaura, aduba a terra, simboliza o Espírito Santo.

> Pois derramarei água no solo árido e torrentes, em terra seca; derramarei meu espírito sobre tua descendência e minha bênção sobre tua prole. Então eles vão brotar e crescer como erva, como salgueiros à beira da água (Is 44,3-4).

A samaritana se aprofunda nas perguntas: "[...] de onde tirais água-viva?" (Cf. Jo 4,11). Esse *"de onde"* aparece outras vezes no Evangelho de João, como uma chave de leitura. Em Caná os comensais sabiam *"de onde"* viera o vinho bom, pois tinham *"feito tudo o que Jesus lhes dissera"* (cf. Jo 2,9). Nicodemos não sabia *"de onde"* vinha o vento, e não sabia como lhe seria possível *"nascer do Espírito"*, sem *"conhecer Jesus"* (cf. Jo 3,1-21). Agora a samaritana indaga Jesus como todos os outros personagens bíblicos, *"de onde"* pode vir a *"água-viva"*.

A analogia do patriarca Jacó também nos dá um panorama muitíssimo interessante para análise. Os textos referidos ao território que Jesus se encontra é um manancial tão rico que desde o tempo de Jacó ele jorra ininterruptamente (cf. Jr 2,13; Is 48,21). Um viajante não pode ser maior do que nosso pai Jacó, pai das doze tribos de Israel (cf. Gn 48,22).

Jesus excede, em muito, o grande patriarca Jacó. Ele vem dar sentido ao grande herói bíblico, chefe das doze tribos. Jesus é o Leão de Judá, aquele que vai matar a sede definitivamente daqueles que nele creem. O diálogo vai se aprofundando e a riqueza e talento do evangelista vão nos aproximando cada vez mais da realidade vivida naquela tarde quente aos pés do monte Garizin, onde Jesus responde à samaritana lhe oferecendo um dom imenso.

"Jesus lhe respondeu:
– Quem bebe dessa água tornará a ter sede; mas quem beber da água que eu lhe der jamais terá sede. A água que eu lhe der será nele uma fonte que jorra para a vida eterna" (Jo 4,13-14).

Jesus revela o sentido simbólico das suas palavras, a sua água de acordo com a tradição bíblica: *"Eles me abandonaram, a fonte de água-viva"*; *"porque contigo está a fonte viva"*; *"Tirareis água com alegria das fontes da salvação"* (cf. Jr 2,13; Sl 36,10; Is 12,3).

Jesus cumpre a tradição do Antigo Testamento e a supera, dá sentido e ilumina toda a Antiga Aliança.

A água do poço mata a sede cada vez que dela se bebe e se torna a beber, porque é uma necessidade humana. A água que brota no manancial, que é Jesus, mata a sede definitivamente porque se torna manancial dentro da pessoa, isto é, você se tornará aquilo que recebeu, você se tornará aquilo que bebeu, mais uma vez vemos uma metabasis (μεταβασισ), uma transformação proposta por Jesus, que brotará perpetuamente e que comunicará uma vida imortal.

A água que Jesus oferece pode ser sua revelação, como já mencionado, ou o dom do Espírito, ou mesmo o dom da fé. Recordo-me de um texto de Gregório Nazianzeno,

Doutor da Igreja do século IV, que falando sobre o Sacramento do Batismo nos leva a refletir o poder da água-viva.

> O Batismo é o mais belo e magnífico dos dons de Deus [...] chamamos-lhe dom, graça, unção, iluminação, veste de incorruptibilidade, banho de regeneração, selo e tudo o que há de mais precioso. Dom, porque é conferido àqueles que não trazem nada; graça, porque é dado mesmo aos culpados; batismo, porque o pecado é sepultado nas águas; unção, porque é sagrado e régio (como aqueles que são ungidos); iluminação, porque é luz irradiante; veste, porque cobre a nossa vergonha; banho, porque lava; selo, porque nos guarda e é sinal do senhorio de Deus (*Catecismo da Igreja Católica*, n. 1243).

O Batismo confere o dom da fé e a incorporação no corpo místico de Cristo, a Igreja, que Ele quis e fundou. Jesus quer que a samaritana receba esse dom e se torne uma missionária, levar aquilo que recebeu é um imperativo de toda a Igreja e de cada cristão individualmente.

"A mulher pediu:
– Senhor, dá-me dessa água, para que eu não sinta mais sede nem precise vir buscar água" (Jo 4,15).

Ufa, finalmente ela entendeu, não espere, olhe bem!, *"para que eu não tenha sede e não tenha de vir aqui para tirá-la"*, ela está preocupada com o ir e vir da vida, e não com a vida eterna. Muito ocupada com os afazeres do mundo e se esquecendo completamente do que realmente pode saciar, foi pragmática, pensou:
– "Esse forasteiro me oferece a oportunidade de não precisar vir ao poço novamente, vai me dar uma água que vai matar a minha sede para sempre". Ela estava preocupada com o que beber e não de onde beber, queria uma água terrena e Jesus lhe oferece a divina, queria vida e Jesus quer lhe dar a eternidade.
O anseio da mulher samaritana de sanar suas necessidades são os nossos anseios, já que queremos resolver os problemas, isso é um fato. E realmente devemos, porém, muitas vezes não queremos ir até a raiz dos problemas, procrastinamos, deixamos tudo para depois; é de se compreender o não enfrentamento, pois é doloroso, machuca e envergonha. Estes são os dramas humanos que tornam a vida um desafio espetacular e apaixonante.
Jesus vai mudar o tom do diálogo e vai dar um corte na temática que será retomada de uma forma mais incisiva posteriormente. Ele vai se utilizar de uma estratégia didática para aquebrantar o coração da mulher.

"Jesus lhe disse:
- Vai chamar teu marido e volta aqui:
A mulher respondeu:
- Eu não tenho marido.
Jesus lhe disse:
– Respondeste bem: 'não tenho marido'. De fato, tiveste cinco e aquele que agora tens não é teu marido; nisto disseste a verdade" (Jo 4,16-18).

Sem dúvida veio na cabeça da mulher: quem é este homem? Como descortina a minha vida sem pudor? Como sabe das minhas intimidades?

Quando lemos o profeta Oseias percebemos toda a complexa trama e a analogia dessa passagem, mais uma vez aparece a genialidade de Jesus e o talento literário de João.

Os seis maridos significam não só homens, mas a idolatria à qual a mulher se entregara no monte Ebal. Jesus lhe apresenta o sétimo esposo, Ele mesmo, que vem dar plenitude à vida e retirá-la de um culto pagão para o verdadeiro culto.

Coloquemos de pano de fundo o capítulo matrimonial de Oseias e se justificará a construção literária de João com uma riqueza de detalhes.

Como o texto de Oseias é totalmente simbólico, a colocá-lo em comparação com o texto de João, este torna-se ainda mais simbólico e fascinante. A mulher samaritana é como a Samaria (território) personificada, de Os 2,4: *"infiel ao marido"* (cf. Os 2,4-6), *"entregue aos ídolos"*, amantes (cf. Os 2,7-9), *"pervertendo o culto"* (cf. Os 2,15), *"ameaçada de morrer de sede"* (cf. Os 2,5) *"mas cortejada a sós por Deus"* (cf. Os 2,16).

O texto de Oseias descortina toda a trama, revela-se como uma maravilhosa história do Antigo Testamento, que tem em Jesus sua plenitude, o sétimo esposo, o belíssimo esposo, perfeito, sem mancha nem ruga, aquele que vem remir a samaritana e a Samaria.

A passagem bíblica é fantástica, lembro-me da primeira vez que fiz essa constatação analógica com o Antigo Testamento, como isso me impactou, como foi motivo de admiração e temor de Deus durante vários e vários momentos de meditação e oração.

Percebemos assim como Jesus verdadeiramente vem cumprir o Antigo Testamento e superá-lo, a mulher e a Samaria, território hostilizado, por suas práticas pagãs se tornam uma só figura, mas Jesus tem algo especial para a mulher, que ainda não compreendeu totalmente quem é este homem que a corteja (cf. Os 2,5), o conteúdo da mensagem não é moralista, Jesus amou a mulher da mesma maneira que o jovem rico (cf. Mt 19,21), queria lhe comunicar uma vida nova, uma vida plena e que fosse fonte de vida para os outros.

O número exato de cinco maridos pode aludir ao começo da idolatria ou sincretismo na Samaria (cf. 2Rs 17,33); em cinco ermidas[5] prestavam culto a sete divindades além do Deus de Israel. Mais importante que o número é a alusão de muitos amantes que são os ídolos, adorados pelos samaritanos no monte Ebal, como mencionado anteriormente (cf. Os 2,7.9.12.14.15.19), é uma linguagem bíblica corrente chamar a idolatria de fornicação ou adultério.

A mulher ainda não compreendeu quem é que fala com ela.

"Senhor, disse a mulher: Vejo que és um profeta. Nossos pais adoraram a Deus neste monte e vós dizeis que é em Jerusalém o lugar onde se deve adorar" (Jo 4,19-20).

O profeta não é apenas quem prediz algo que acontecerá, é também aquele que denuncia as transgressões daqueles que se desviaram do caminho: *"Vieste à minha casa para recordar as minhas culpas?"* (cf. 1Rs 17,18; Os 6,5).

A mulher percebe que Ele denuncia sua vida e o reconhece profeta, porém ela se prende ao lugar do culto, das circunstâncias e não da essência.

Trata-se aí de uma questão histórica do verdadeiro local de culto a Deus. O local de culto é muito importante para o povo do Antigo Testamento, está na raiz de sua identidade, o monte Sião em Judá ou o monte Garizim na Samaria. O papel de Jesus nessa questão é central, como vemos em 1Mc 4,46: *"e deixaram as pedras na colina da Morada, em lugar apropriado, aguardando a vinda de um profeta que decidisse a questão"*, isto é, até que venha um enviado de Deus que nos dirá é aqui ou ali. A resposta de Jesus novamente vai completar as Escrituras e dar um novo sentido ao culto e à vida daquela mulher.

"Jesus lhe disse:
– Mulher, acredita em mim, vem a hora em que nem neste monte nem em Jerusalém adorareis o Pai. Vós adorai, só que não conheceis, nós adoramos o que conhecemos; porque a salvação vem dos judeus. Mas vem a hora, e já chegou, em que os verdadeiros adoradores hão de adorar o Pai em espírito e ver que estes são os adoradores que o Pai deseja. Deus é Espírito, e quem o adora deve adorá-lo em espírito e verdade" (Jo 4,21-24).

A resposta de Jesus à mulher é radical, não é no monte Garizim, tampouco em Jerusalém, disse Jesus. Ele, sendo o Messias, dá um novo regime cultual e de uma maneira inesperada substitui o nome Javé (Yhwh) ou "nosso Deus" por "o Pai", e co-

---

5 É uma igreja ou capela de pequena dimensão, normalmente localizada fora das povoações ou em lugares distantes.

loca a centralidade do culto não em um lugar, mas na força do dom do Espírito; sendo assim, o culto verdadeiro não estará atrelado a um espaço territorial. Jesus cumpre as Escrituras e dá um novo sentido à adoração.

O culto é válido se é a expressão de algo profundo e não do exterior, não é um simples preceito, mas algo que compõe a minha vida, a minha fé e a minha necessidade de estar junto de Deus e dos irmãos na comunidade, vivendo e partilhando a fé e as dificuldades do mundo hodierno. Assim deve ser a missa, um encontro com Jesus na mesa da Palavra e na mesa do pão, a Eucaristia, fonte inesgotável de vida para a Igreja, o mandamento de amor vivo no altar: corpo, sangue, alma e divindade.

Jesus vai novamente, como profeta, apontar o erro quando diz que os samaritanos prestam culto ao que desconhecem, isto é, aos deuses pagãos (cf. Dt 13,7), podemos ver o mesmo apontamento no relato feito pelo profeta Oseias aproximadamente em 753 a.C.

A salvação vem dos judeus, Jesus é da tribo de Judá, como Davi:

> Um broto sairá do tronco de Jessé, e um rebento brotará de suas raízes. Sobre ele repousará o espírito do senhor, espírito de sabedoria e entendimento, espírito de conselho e fortaleza, espírito de conhecimento e temor do Senhor. Ele se inspirará no temor do Senhor. Não julgará pelas aparências nem decidirá só por ouvir dizer. Julgará os pobres com justiça e decidirá com retidão em favor dos humildes do país. Ferirá a terra com a vara de sua boca, e com o sopro de seus lábios matará o perverso. A justiça será o cinturão que ele usa e a fidelidade o seu cinto. Então, o lobo será hóspede do cordeiro e o leopardo se deitará com o cabrito. O bezerro, o leãozinho e o animal cevado estarão juntos e um menino os conduzirá (Is 11,1-6).

É a paz messiânica predita por Isaías, 700 anos antes do nascimento de Jesus. O poema messiânico se encarna na pessoa de Jesus que aponta o caminho para a mulher com justiça, retidão e amor.

O pedido de Jesus *"Crê em mim, mulher"* é quase que uma súplica para ela voltar ao culto ao Deus de Israel e, voltando ao culto verdadeiro, reconhecer Jesus como o herdeiro de todo Antigo Testamento. O que Jesus está querendo dizer à samaritana é: "Olha, mulher, como as Escrituras se cumprem em mim, como eu dou um novo sentido ao culto, como eu chamo o 'nosso Deus' de Pai!!!" Ele se apresenta a ela verdadeiramente, desnudado e por inteiro. Mas a samaritana é extremamente evasiva em sua resposta.

"A mulher disse a Jesus:
– Eu sei que o Messias que se chama Cristo está para vir. Quando vier, nos fará saber todas as coisas" (Jo 4,25).

Podemos imaginar duas coisas na resposta da mulher: primeiro, o que Jesus disse não a convenceu; segundo, ela não entendeu uma palavra.

Somos inclinados a acreditar que a segunda hipótese é a mais plausível, visto o histórico de sua vida, ludibriada por seis deuses pagãos tendo que pegar água na parte da tarde por conta da vergonha que acomete seus comportamentos. Era um coração inquieto, amargurado e sofredor, que em contrapartida buscava soluções mágicas para seus problemas recorrentes, o que se parece muitíssimo com nossas realidades. Quantas vezes trocamos a verdade por paliativos que confortam imediatamente, porém não matam a sede de infinito do coração do homem.

Jesus percebe a confusão, e expressa lindamente para aquela mulher sofrida em uma terra odiada, por judeus e galileus, quem é que fala com ela e qual a sua missão?

"Jesus lhe diz:
– Sou eu, que falo contigo" (Jo 4,26).

Nosso Senhor se declara abertamente, é o Messias, sua forma de dizer excede em muito o Messias que os judeus esperavam. Jesus é aquele que vem ao encontro do homem e dá um novo sentido à vida daquela mulher e daqueles que acreditaram, e acreditam na sua mensagem de amor, e por isso fala com toda propriedade *"ego sunt"*, eu sou.

> Eu sou o Deus de teu pai, o Deus de Abraão, o Deus de Isaac, o Deus de Jacó (Ex 3,6b).

A iniciativa é de Deus, isso é fantástico, Ele vem ao nosso encontro, revela-se, importa-se com nossa história e vela o nosso caminho.

Deus se manifesta em sua glória para Moisés evocando todos os patriarcas. Moisés encontra-se com Ele no Horeb[6] e recebe de Deus a missão de libertar seu povo da opressão. A humilde mulher da Samaria escuta o mesmo, "sou Eu", sou o Messias, e não apenas um libertador, não apenas o enviado, o ungido, mas o Deus de Abraão, de Isaac e de Jacó.

Deus que falou pela boca dos profetas se manifesta por meio de seu filho, Jesus. Manifesta-se de maneira especial também à samaritana, e a convence.

Jesus já se mostrou em nossas vidas, já se deu a conhecer e se manifestou de maneiras ordinárias nos sacramentos e de maneiras extraordinárias em nossas experiências pessoais no dia a dia da comunidade e na vida de fé, em um milagre pessoal, em um maravilhamento com a beleza da natureza ou em um entusiasmo de uma manhã de sol, mas está presente com toda sua majestade também nos momentos de fracasso, dor e sofrimento.

---

6 Horeb – Em hebraico, o monte de Deus. Sinai é o mesmo monte na língua grega.

> Eu vi a opressão do meu povo no Egito, ouvi os gritos de aflição diante dos opressores, e tomei conhecimento de seus sofrimentos. Desci para libertá-los das mãos dos egípcios e fazê-los sair desse país para uma terra boa e espaçosa, uma terra onde corre leite e mel, para a região dos cananeus, heteus, amorreus, ferezeus, heveus e jebuseus (Ex 3,7-8).

Os verbos que são utilizados nessa belíssima passagem do Antigo Testamento são significativos: ver, ouvir, conhecer, prestar, descer, livrar e tirar.

Voltando para o contexto da mulher samaritana, os verbos se encaixam perfeitamente no diálogo. Jesus viu a samaritana, conhece a sua história, se presta a falar com uma mulher, desce até a Samaria, quer livrá-la do pecado e tirá-la da idolatria.

"Nisso chegaram os discípulos e se admiravam de que estivesse falando com uma mulher. Mas ninguém lhe perguntou o que ele queria ou o que estava falando com ela" (Jo 4,27).

O cenário muda, chegam os discípulos e ficam maravilhados por Jesus falar a sós com uma mulher desconhecida, um rabi nunca se dirigiria a uma mulher, a sociedade judaica tinha algumas prescrições que aos nossos olhos, hoje, são incompreensíveis (cf. Eclo 9,3.5.8.9). Faz-se necessário que observemos o contexto para entendermos na totalidade a liberdade e a pureza da atitude de Jesus e por que os discípulos se espantaram com tal atitude. O que temos sem dúvida é que Jesus saiu do lugar-comum, não era obviamente um homem comum. Ele penetrou no coração daquela mulher como o óleo santo penetra no peito de um catecúmeno, a fez renascer como um neófito[7] que nasce do útero da Igreja, a pia batismal.

"A mulher deixou o cântaro, foi à cidade e disse a todos:
– Vinde ver um homem que me disse tudo o que eu fiz. Não será ele o Cristo?" (Jo 4,29).

Conversão é o centro dessa passagem!!!

O ato de deixar o cântaro é extremamente simbólico, expressa que a vida que ela levara até aquele momento foi abandonada, uma mudança total de planos, uma μετανοια[8]. Deixar nossos cântaros é um desafio diário, muitas vezes os mesmos estão cheios até a borda de mágoas, fracassos que nos esmagam e nos envergonham; largá-los é o primeiro passo, e por que se larga um cântaro? Porque tem algo maior, um novo motivo. Só um motivo maior nos faz mudar, retomar a caminhada, ninguém nasceu para ser infeliz, muito pelo contrário, nascemos para uma vida plena e abundante.

---

7 Um cristão recém-batizado.
8 Conversão.

A Palavra de Jesus tem esse poder de transformar e de modificar os planos completamente, por mais que tenhamos os nossos planos, e isso é justo. Deus entra na nossa história, se assim o permitimos, e os nossos planos passam a ser regidos por Deus e para Deus. A samaritana se converte, volta seu caminho, e se torna aquilo que Jesus anunciou no início do diálogo: uma fonte daquilo que bebeu. Com seu interior modificado, tem o desejo de modificar o interior de outras pessoas, não se contenta em apenas ter, quer ser e se dar ao outro, torna-se uma missionária, uma catequista que anuncia aquilo que experimentou (cf. At 4,20).

"Eles (os discípulos)[9], saíram da cidade e foram até onde estava Jesus. Nesse meio-tempo, os discípulos insistiam com Ele:
Mestre, come.
Mas Jesus lhes disse:
Tenho uma comida que vós não conheceis.
Os discípulos perguntavam uns aos outros:
Será que alguém lhe trouxe alguma coisa para comer?
Jesus disse:
Meu alimento é fazer a vontade daquele que me enviou e completar sua obra.
Não dizeis vós que daqui a quatro meses chegará a colheita? Pois bem, eu vos digo: Levantai os olhos e olhai os campos já brancos prontos para a colheita. Quem faz a colheita recebe o salário e recolhe o fruto para a vida eterna a fim de se alegrarem juntos o semeador e o que colhe. Pois nisto é verdadeiro o provérbio: um é o que semeia, outro, o que colhe. Eu vos enviei a colher o que não trabalhastes. Outros trabalharam e vós aproveitastes o trabalho deles" (Jo 4,30-38).

O diálogo entra em um novo panorama. Jesus esclarece que o alimento espiritual é maior que o material. Entra, então, no cenário agrário, ceifa, semeadura, fazendo referência ao seu ministério; lança-se no coração da samaritana. Vem verdadeiramente cumprir a mensagem daquele que o enviou.

Jesus semeia aonde os profetas também semearam (cf. Os 2,25). Fica pendente uma colheita maior que será feita pelos discípulos, uma colheita escatológica, isto é, o retorno de Jesus e o juízo final.

> Naquele dia, o Senhor debulhará o trigo desde o Eufrates até a torrente do Egito. Mas vós, israelitas, sereis colhidos um a um (Is 27,12).

---

9 Grifo nosso.

Nessa aldeia muitos creram nele pelo que a mulher contara, afirmando que lhe tinha dito tudo o que fizera. Os samaritanos acorreram a Ele e lhe pediram que ficasse com eles. Permaneceu aí dois dias, e muitos outros creram por causa das palavras dele; e diziam à mulher:

> "Já não cremos apenas por causa da tua conversa. Nós mesmos ouvimos e reconhecemos que este é realmente o Salvador do mundo" (Jo 4,42).

A palavra volta para a genialidade do discípulo amado. João, como é de costume em sua tradição, dá o protagonismo às seguidoras de Jesus, às mulheres, tais como: a mãe de Jesus do ventre à cruz (cf. Jo 2,1-12; 19,25-27), a samaritana (cf. Jo 4,1-42), Marta (cf. Jo 11,17-37), Maria (cf. Jo 12,1-8) e Maria Madalena (Jo 20,1-18).

A samaritana, texto que estamos debruçados a refletir, nos remete a uma transformação, ela deixa de ser a mulher do "balde", excluída e descriminada, e passa a ser portadora da mensagem salvífica de Jesus.

A água prometida já jorra como uma fonte em seu coração, esse outrora ressequido pelo amargor de uma vida dura e infrutuosa, macerada pelos pecados e pelas circunstâncias da vida, agora vermelho e vivo, ardendo de amor por aquele que renovou suas forças e lhe deu um novo sentido, o dom da fé, que é acolhido por ela e transmitido aos seus vizinhos. A mensagem abala as estruturas antigas daquela comunidade que reconhece Jesus verdadeiramente aquilo que Ele é, e anuncia: O Messias.

Mane nobiscum domine, "fica conosco, Senhor, pois é tarde e o dia já está terminando" (cf. Lc 24,29). O discipulado da jovem samaritana deu frutos rapidamente, a comunidade se impressionou com as palavras de Jesus e quiseram que Ele ficasse mais tempo, para que assim a comunidade também pudesse experimentar da água-viva. Esse é o poder do testemunho, ser evangelizador, evangelizadora, ser um catequista ou uma catequista, e, de maneira suave e paulatinamente, ser portador da mensagem salvífica de Jesus, encaminhar a pessoa ao poço e à fonte que você já bebeu.

Quando nos saciamos desse manancial queremos irresistivelmente fazê-lo conhecido e amado pelo maior número de pessoas possível. A mensagem que transformou sua vida transformará outras vidas em um manancial de graça. Jesus fica naquela comunidade esquecida e odiada por judeus e galileus por mais dois dias, revela-se. Vemos que o primeiro passo é dele, Ele vem ao nosso encontro, não espera nada em troca, se encontra um coração aberto, faz morada e transforma essa morada em eternidade.

Na dinâmica da evangelização existe o encontro pessoal, os moradores da Samaria também experimentaram esse encontro e o testemunho.

Que a exemplo da samaritana possamos sentar-nos no poço com Jesus e nos saciar com a Água-Viva, que é o dom da fé, e que nos impele a um ardor missionário de uma Igreja em saída que vai ao encontro dos que têm sede de Deus.

PARA REFLETIR

A Palavra de Deus é luz e vida, ilumina mentes e salva as almas, vivifica, fortalece, é caminho e bússola para nossos passos.

- Depois dessa reflexão façamos um momento de deserto, e pensemos: o meu cântaro está cheio de quê?
- Anote em um papel quais são seus ídolos, algum deles te faz se afastar de Deus?
- Para quem a Palavra de Deus precisa chegar como chegou na Samaria?
- Sou alguém que procura levar a Palavra de Deus às pessoas?
- Como anuncio a pessoa de Jesus?

Que tal realizar um gesto concreto?
- Reúna algumas pessoas de sua comunidade ou família e programem ir a um asilo, orfanato ou hospital para levar a Palavra de Deus às pessoas.
  - Escolham juntos aonde ir e quando.
- Organize-se para um dia de oração pessoal.

3

SERMÃO DO PÃO DA VIDA!

O discurso do Pão da Vida é mais uma pérola do evangelista São João (6,15-40).

Antes de iniciarmos o comentário sobre esta passagem fantástica da vida de Jesus nos debrucemos por um momento no contexto e no ambiente em que se passa essa história, que é única nos Evangelhos.

Jesus multiplica os pães e peixes e dá de comer a uma imensa multidão no lago de Galileia[10].

Os moradores do entorno do lago e das circunvizinhanças são modestos pescadores e pequenos produtores rurais. Jesus em seu ministério faz esse exercício, anuncia primeiro as comunidades rurais para depois ir para Jerusalém. Esse povo simples dedicava-se basicamente à subsistência, ter um pão e água sem trabalho era um bálsamo.

A mudança de cenário serve para introduzir novos acontecimentos, geograficamente tudo acontece no lago e ao entorno dele.

A multiplicação dos pães vai servir de introdução para Jesus afirmar que é o pão descido dos céus. Ele multiplica os pães (cf. Jo 6,1-15), e a exemplo de Moisés (cf. Ex 16) e Eliseu (cf. 2Rs 4,42-44) mata a fome do seu povo; mas Jesus queria dar-se em alimento, antes caminha sobre as águas, acontece mais uma vez uma cristofonia[11], isto é, uma manifestação sensível de sua divindade poderosa, um eco do Antigo Testamento na vida de Jesus: "Ego Sunt", Eu Sou! (cf. Ex 3,14). Jesus anda sobre o mar revolto, demonstrando que tem poder sobre esse mundo, sobre suas intempéries, não apenas naturais, mas espirituais. Quem está no barco com Jesus deve também caminhar nas águas revoltas do mundo, em suas tribulações e suas dificuldades.

Entraremos no profundo do coração de Jesus, que nos ama e quer ficar muito perto, quer verdadeiramente adentrar em nosso ser.

---

[10] Também conhecido como Tiberíades.
[11] Manifestações da divindade de Jesus.

Para nossa reflexão, por questões didáticas, o Sermão está dividido em três partes: a primeira – Eu sou o Pão da Vida – relatando que Ele é o maná de Deus, o Filho de Deus Vivo; a segunda, relata a instituição da Eucaristia e a terceira, aborda a reação dos discípulos e apóstolos sobre o que foi dito por Jesus.

1ª Parte: Eu sou o Pão da Vida!

No início da passagem bíblica vemos um pouco de confusão. Quantos barcos seriam necessários para que a multidão que foi saciada com pão e peixe pudesse passar da região oriental do lago para a região ocidental? Sem dúvida uma centena deles, mas o ponto é que o povo foi atrás de Jesus, queria sua palavra ou apenas seu pão.

"Jesus respondeu:
Na verdade, eu vos digo:
Vós me procurais, não porque vistes os sinais, mas porque comestes o pão e ficastes saciados. Esforçai-vos, não pelo alimento que se estraga, e sim pelo alimento que permanece até a vida eterna. É este o alimento que o Filho do Homem vos dará, porque Deus Pai o marcou com seu selo" (Jo 6,26-27).

Procuravam Jesus não pelo espírito, mas pela carne. Quantos de nós não nos aproximamos da Igreja por benesses mundanas. As Igrejas se enchem todos os dias pelos dois motivos, ou por um ou por outro, mas precisamos buscar Jesus por Jesus, ou seja, purificar nossas intenções ao nos aproximarmos do Altar do Senhor é um propósito de vida.

O povo que atravessou o lago queria um milagreiro, um mágico, e não o Filho de Deus.

A questão do pão vai se encaixar perfeitamente na questão da água da samaritana, que trabalhamos no capítulo anterior. Ela queria uma "água-viva" que resolvesse todos os seus problemas, que poupasse trabalhos diários e fadigas ao sol do meio-dia. O povo se maravilhava de receber pão sem esforço algum, e são exortados por Jesus, tal como a samaritana foi. A oração gramatical *"trabalhai não pelo alimento que se perde"* é a mesma indicação que: *"você terá sede novamente, e terá que vir aqui buscar água, pois a mesma não irá te saciar"*.

Um alimento que saciará eternamente e que dá uma vida nova é o que busca todos aqueles que têm fome e sede de infinito, esse alimento pode se traduzir em um alicerce. Ele acode a nossa pequenez, que se compadece, que se ama, que se entrega, o *Sumo Bem*.

Eis o dom que Jesus veio trazer à humanidade. *"Eu vim para que tenham vida e para que a tenham em abundância"* (Jo 10,10). Essa abundância perpassa pelo reconhecimento de Jesus sendo o Filho do Homem. Neste sentido, vale ressaltar que não são como os outros filhos dos homens, como nos relata o salmista:

> Quão precioso é teu amor, ó Deus! Todas as pessoas refugiam-se à sombra de tuas asas, saciam-se da abundância de tua casa, e lhes dá a beber da torrente de tuas delícias (Sl 36,8-9).

Jesus é o Messias, o Filho de Deus, o Emanuel, Deus conosco, por isso Deus imprime nele o seu selo. E qual é o sentido de imprimir o selo? Colocamos o nome naquilo que nos pertence, que está sobre o nosso jugo ou sobre o nosso apreço, sem dúvida o ato de colocar o selo demonstra pertença, adornando com um selo para que não seja confundido com outros homens, é um Kadosh[12], o Santo; foi marcado para não ser confundido e salvar o gênero humano.

Então lhe perguntaram: "O que devemos fazer para trabalhar nas obras de Deus?"
Jesus respondeu:
"A obra de Deus é que acrediteis naquele que ele enviou" (Jo 6,28-29).

A palavra trabalhar volta ao diálogo, não como um patrão que diz qual é a obrigação do funcionário para receber o seu justo salário, mas uma atitude, visto que receberam o pão sem nenhum esforço braçal.

As obras de Deus são aquelas que Deus exige na Aliança, obras essas que se fazem representar na Antiga Aliança, como nos relata o profeta Isaías que exorta à participação dos bens da Nova e Eterna Aliança.

> Oh! vós todos que tendes sede, vinde às águas! Mesmo que não tenhais dinheiro, vinde! Comprai cereais e comei! Mesmo sem dinheiro ou pagamento, vinde beber vinho e leite! Por que gastais dinheiro com o pão que não alimenta, o fruto de vosso trabalho com alimento que não sacia?
> Ouvi-me com atenção e comereis o que é bom; saboreareis pratos deliciosos! Prestai-me ouvidos e vinde a mim, escutai-me e vivereis! Vou concluir convosco uma aliança eterna, as promessas feitas a Davi que são irrevogáveis (Is 55,1-3).

A exortação emocionante de Isaías, mais uma vez, vem esclarecer nossas almas e mentes e demonstra que a linguagem utilizada por João quer verdadeiramente estabelecer um elo entre o Antigo e o Novo Testamento, não apenas na literalidade bíblica, mas nos meandros do coração do povo da Aliança.

---

12 Santo, separado.

A realidade da dívida era presente tanto no tempo de Isaías como no tempo de Jesus. Os impostos cobrados pelo Império Romano eram altos e o governador da província tinha liberdade para cobrar como e da maneira que desejasse. O Império estabelecia uma determinada quantia e o que excedesse era para o governador da província. Uma dívida não paga poderia significar a perda da terra, ou pior, a perda da liberdade. Era muito comum os endividados se tornarem escravos. Por isso que a questão material, *"o pão"*, era tão forte e impregnada.

O esforço não é braçal neste momento, não é o suor do rosto, mas o convencimento do coração, a fé! Se creres verás a glória de Deus (Jo 11,40). A fé já é o alimento, e quem crê se torna aquilo que crê para o outro.

"Então lhe perguntaram:
Mas tu, que sinal fazes para que vejamos e acreditemos em ti? Qual é a tua obra?
Nossos pais comeram o maná no deserto, como está escrito:
'Deu-lhes para comer pão do céu'.
Jesus lhes respondeu:
Na verdade, eu vos digo:
Não foi Moisés que vos deu o pão do céu. Meu Pai que vos dá o verdadeiro pão do céu; pois o pão de Deus é aquele que desce do céu e dá vida ao mundo" (Jo 6,30-33).

Para crer, o povo pede credenciais, como se os prodígios feitos por Jesus já não fossem mais que suficientes para arrebatar o coração, ou seja, alimentar cinco mil pessoas famintas já não serviu de credencial? Não, não serviu.

Assim somos nós! Queremos coisas grandes e maravilhosas, prodígios, milagres e portentos de toda sorte, e esquecemos de olhar que nossa vida é um dom precioso de Deus. Nossa visão míope vê em sombras o que somos e o que Deus realizou em nós. Sem dúvida fez e faz maravilhas! A catequese, o estudo permanente são momentos de revisitarmos as maravilhas que Deus faz na história, e de vislumbrarmos as credenciais de Jesus, que terá o seu maior ato, seu ápice e sua glória na cruz.

O milagre do pão, eles não entenderam como um sinal entra no diálogo nesse momento como mediador da Aliança com Moisés, que podia apresentar o prodígio diário do maná (cf. Ex 16; Nm 11,7-9; Sl 78,24; Sb 16,20-21), entra o termo "pão do céu". O maná tem um papel central na tradição bíblica, Moisés não deu o pão do céu, é Deus quem dá o pão, o maná foi uma prefiguração do pão vivo, que é o próprio Jesus.

Jesus se coloca superior a Moisés, que prometia uma terra. Jesus promete uma pátria definitiva. Moisés promete uma terra que corre leite e mel, lugar e alimentos que perecem, Jesus promete a vida eterna.

"Disseram-lhe:
Senhor, dá-nos sempre deste pão!" (Jo 6,34).

Jesus disse à samaritana: "o que beber desta água nunca mais terá sede" (cf. Jo 4,13); a mulher, desejosa desta água, exclama: "Senhor, dá-me desta água". A mulher, longe de aceitar que Jesus era o Messias, como meditamos juntos no capítulo anterior, tomou as palavras no sentido material.

Para quem vive em uma região desértica a água é a vida e o sustento, assim também nessa interlocução o entendimento material se dá como disseram em Jo 4: *"Senhor, dá-nos sempre deste pão"*. A exemplo da samaritana, querem um sustento físico, não que isso não seja lícito e justo. É comum quando estamos em comunidade rezarmos juntos: *"Senhor, dai o pão a quem tem fome, e fome de justiça a quem tem pão"*. Oração simples, mas com uma riqueza profunda e insondável, pois saciar o faminto é uma obra de misericórdia, porém, se saciado do pão material estou, devo com todas as forças do meu coração ter fome e sede de justiça, para que todos possam ter o pão material e que nunca falte. Diminuir os muros e aumentar as mesas, essa é uma prioridade cristã, como bem nos indica a comissão de justiça e paz em seus documentos que se expressam na importantíssima Doutrina Social da Igreja.

Jesus não negligencia o pão material, inúmeras vezes dá o sustento físico. No Evangelho, segundo São Marcos, Jesus cura a menina, e após a cura ordena que deem algo para ela comer (cf. Mc 5,43), porém o Senhor tem um sustento transcendente, algo que ultrapassa a ciência humana: Ele mesmo.

"Jesus respondeu:
Eu sou o pão da vida.
Quem vem a mim, já não terá fome.
E quem crê em mim jamais terá sede" (Jo 6,35).

O significado *"quem vem a mim"* é o mesmo que *"quem crê em mim"*, nunca mais terá fome; em outras traduções usa-se a expressão *"não sofrerá fome"*[13]. Fome e sede nesse âmbito têm o mesmo sentido, significa que Jesus dá uma satisfação eterna a quem é despossuído, a quem sofre de indigência, a quem não tem um sentido para a vida.

O uso do pão ou de outra espécie de alimento figurado é muito conhecido nas Sagradas Escrituras. Os profetas aplicam o pão e o alimento à Palavra de Deus (cf. Am 8,11) e de modo todo especial em Is 55, texto já citado; os livros sapienciais fazem analogia do pão à sabedoria ou sensatez (cf. Pr 9,1-6; Eclo 15,3; 24,18.21-22). No Pentateuco é algo fundamental. Vejamos Dt 8,3:

---

13 Bíblia do Peregrino – Ed. Paulus.

> Ele te humilhou, fazendo-te passar fome e, depois, te alimentou com o maná que nem tu, nem teus pais conheciam, para te mostrar que nem só de pão vive o ser humano, mas de tudo que procede da boca do Senhor.

A fome e a sede sublinham o desejo do homem de ser saciado, e o que mata a nossa sede e a fome? Ou melhor, aonde temos buscado alimento, o que nos sacia verdadeiramente? Só Jesus pode saciar nossa ânsia de infinito, só Ele pode dissipar nossas angústias e apagar nossos erros do passado com seu amor redentor na cruz. Ele é o pão da vida!

Jesus continua:

"Mas eu já vos disse:
Vós me vedes e não credes.
Tudo o que o Pai me dá virá a mim, e o que vem a mim eu não jogarei fora. Porque eu desci do céu não para fazer minha vontade, mas a vontade de quem me enviou. E esta é a vontade de quem me enviou:
que eu não perca
nenhum daqueles que me deu,
mas que o ressuscite no último dia.
A vontade do Pai é que todo aquele
que vê o Filho e acredita nele
tenha a vida eterna;
e eu o ressuscitarei no último dia" (Jo 6,36-40).

Viram o milagre, mas não acreditaram em Jesus, não viram a multiplicação dos pães e peixes como um sinal daquele que os realizou, tiveram um olhar superficial, que não penetra na realidade, que não vislumbra a verdade na realidade, isto é, não investigaram, ficaram apenas nas aparências.

Deus tem a iniciativa, sempre!

Vem ao nosso encontro, envia seu filho em um projeto de salvação, remissão e vida em abundância, recomenda-nos Deus: *"Este é meu Filho amado, de quem eu me agrado, escutai-o"* (Mt 17,5b).

A vontade do Pai é a salvação do homem:

> Acaso tenho prazer na morte do ímpio? – oráculo do Senhor Deus – Não desejo antes que mude de conduta e viva? (Ez 18,23)

A salvação não está completa sem a Ressurreição. Faz-se necessário, então, um *olhar com os olhos de ver*, como me ensinou uma saudosa professora, Cândida. Olhar de uma maneira penetrante, desejoso de ver e entender; a Ressurreição será um dom que pode salvar em quem nele crer.

Jesus nos dá uma grande lição, que pode ficar obscurecida pelo impacto do centro da passagem, "eu sou o pão que desceu do céu", e diz claramente que não veio fazer sua vontade e sim a vontade do Pai que lhe enviou.

Para fazer a vontade de Deus se requer humildade. Jesus disse que não veio fazer a sua vontade. E nós, queremos fazer a nossa em relação a Deus? Percebe que desfaçatez!

Jesus, o Mestre da humildade, o profeta em um jumentinho, vem nos mostrar como proceder para abraçar o caminho da salvação.

2ª Parte: Quem comer deste pão viverá para sempre

Vejamos a segunda parte do Sermão do Pão da Vida (Jo 6,41-59). Como a mensagem adentra em outro patamar, será oferecido, não o pão material, mas o *"Pão que alimenta e que dá vida, este Vinho que nos salva e dá coragem"*[14]. Jesus vai instituir a Eucaristia, como relatei anteriormente. São João não narra a última ceia, faz desse sermão a instituição sacramental, porém Jesus precisa atrair ainda os olhares que veem e não enxergam, por isso murmuram e não contemplam.

"Os judeus começaram a murmurar contra Jesus porque dissera: 'Eu sou o pão que desceu do céu.'

E diziam:

Não é ele Jesus, o filho de José? Nós conhecemos seu pai e sua mãe. Como então pode dizer: 'Desci do céu'?

Jesus respondeu:

Não murmureis entre vós.

Ninguém pode vir a mim

se o Pai, que me enviou, não o atrair;

e eu o ressuscitarei no último dia.

Está escrito nos profetas:

'Todos serão ensinados por Deus'"(Jo 6,41-42).

Os judeus que murmuram simbolizam a autoridade judaica, os sábios, os cultos, que afirmam conhecer a Lei judaica. São os falsos mestres que se consideram inquebrantá-

---

[14] Oração Eucarística V.

veis e a qualquer vírgula que saia da lei judaica, julgam. Por isso, sendo Jesus um vizinho, eles questionam: Como pode ter essa tamanha pretensão de vir do céu?

Deus nos atrai com o amor de seu filho, como nos relata o profeta Oseias:

> Quando Israel era um menino, eu o amei e do Egito chamei meu filho.
> Mas quanto mais eu os chamava, tanto mais eles se afastavam de mim. Sacrificavam ao deus Baal e queimavam incenso aos ídolos. Contudo, fui eu quem ensinei Efraim a caminhar; eu os tomei nos braços, mas não reconheceram que eu cuidava deles! Com vínculos humanos eu os atraía, com laços de amor eu era para eles como quem levanta uma criancinha a seu rosto, eu me inclinava para ele e o alimentava (Os 11,1-4).

A fé é um dom de Deus, é como a marca, o selo de sua atração, a incrível referência do profeta Oseias que expressa que o cuidado de Deus é arrebatador, e Isaías vai na mesma vertente: *"Todos os teus filhos serão discípulos do Senhor; grande será a paz dos teus filhos"* (Is 54,13).

Não pensemos, pois, que somos atraídos de uma maneira violenta e constrangida, a alma também é atraída pelo amor. Os que murmuravam eram insensíveis às coisas do alto. Devemos nos sensibilizar com as coisas do Senhor. Isto não é ter uma fé sentimental, infantilizada, não! De forma alguma. Mas significa ter a sensibilidade que Jesus teve ao se compadecer das nossas misérias. Isso é ser atraído verdadeiramente pelo Senhor, é um encantamento.

Deixe-se ser atraído pelo Senhor, apaixone-se por Ele; é uma realidade que não decepciona.

"Quem ouve o Pai
e é instruído por ele vem a mim.
Não que alguém tenha visto o Pai;
Pois só aquele que está em Deus é que viu o Pai.
Na verdade, eu vos digo:
quem crê tem vida eterna.
Eu sou o pão da vida.
Vossos pais comeram o maná
No deserto e morreram.
Este é o pão que desce do céu
Para que não morra quem dele comer.
Eu sou o pão vivo descido do céu.
Se alguém comer deste pão viverá para sempre.

E o pão que eu darei é a minha carne para a vida do mundo.
Os Judeus discutiam entre si, dizendo: 'Como pode esse homem dar-nos de comer a sua carne?'" (Jo 6,45-51).

Jesus repete afirmações, e o versículo 51 serve de eixo para unir o discurso do pão vivo com a explicação da Eucaristia, que é demonstrada pela palavra *carne* que é repetida 6 vezes (cf. 1,14). A relação do milagre do pão com a Eucaristia é evidente nos 4 Evangelhos. *"O pão que eu darei é a minha carne para a vida do mundo"* (Jo 6,51). A carne e o sangue é a totalidade da vida do homem. Acontece, então, a manducação, a mastigação. Jesus se torna alimento, e este se torna parte do alimentado, parte do seu corpo, quando comunga nosso Senhor na Eucaristia. Quando nos abrimos a Jesus, Ele se faz um em mim, corre em minhas veias, Jesus nos "eucaristiza", somos dignificados.

A beleza do Sacramento da Eucaristia que é narrado de maneira intensa por São João é celebrado em cada missa, que não se acaba, se prolonga. Quando celebramos o Corpo e Sangue de Cristo, tem um desdobramento.

Ao entregar uma morada para Cristo, o corpo dele adentra o meu corpo e se faz comunhão, uma *comum união*, um. Jesus se propaga na história pelos nossos braços, Ele abraça através do nosso sorriso, Ele sorri pelos nossos olhos, Ele olha.

Estar em harmonia para receber o Senhor, permanecer em estado de amizade com Deus, dar a oportunidade para que o Senhor encontre uma morada digna, para isso o Sacramento da Confissão é um preâmbulo para um encontro profundo com Jesus Eucarístico.

A Eucaristia é o mistério por excelência, nos configuramos com Cristo. Eucaristia nesse sentido é partilha, pois Jesus me dá a oportunidade de estar com Ele para que possa estar com outros através da minha presença.

> Ó sacramento da piedade! Ó sinal de unidade! Ó vínculo da caridade! Quem quer viver, tem onde viva, e tem de onde viva. Aproxime-se, acredite, incorpore-se para ser vivificado (Santo Agostinho).

O que Jesus anuncia, no lado ocidental do lago de Tiberíades, provoca verdadeiro escândalo entre judeus cultos e discípulos surpresos. Tal anúncio: *"Eu sou o pão vivo descido do céu"*, que deixou até mesmo os apóstolos estupefatos com tal palavra, hoje se encontra em nossos sacrários e em nossas Igrejas. É remédio e sustento para a nossa alma, é o alimento da caminhada prefigurado no maná do deserto, era sinal de Deus, a Eucaristia é o próprio Corpo e Sangue de Jesus.

A mensagem é dura para os judeus, o sangue é a vida, comer a carne e beber o sangue de alguém é hostilidade destrutiva, o canibalismo era severamente proibido no

Antigo Testamento (cf. Is 9,19; Sl 27,2), o judeu não poderia nem tocar no sangue (cf. Lc 10,25). A interpretação literal das palavras de Jesus causa náuseas aos interlocutores por conta de sua cultura altamente material.

Chegamos nesse ponto no clímax do discurso. As palavras de Jesus causaram confusão. Ele não recua, nos atrai.

"Jesus lhes disse:
Na verdade, vos digo:
se não comerdes a carne do Filho do Homem
e não beberdes seu sangue,
não tereis a vida em vós.
Quem come minha carne e bebe o meu sangue
tem a vida eterna,
e eu o ressuscitarei no último dia.
Pois minha carne é verdadeiramente comida
e o meu sangue é verdadeiramente bebida.
Quem come minha carne e bebe meu sangue
permanece em mim, e eu nele.
Assim como o Pai, que vive, me enviou
e eu vivo pelo Pai, assim também quem comer de minha carne viverá por mim. Este é o pão descido do céu.
Não é como o pão que vossos pais comeram e, ainda assim, morreram.
Quem come deste pão viverá eternamente" (Jo 6,53-58).

O pão do céu agora é carne e sangue. Jesus diz que o seu corpo é verdadeiramente comida e seu sangue é verdadeiramente bebida. Jesus explica o que é, e os frutos de quem o recebe, de quem come e bebe, permanecerão com Jesus e Jesus com ele, uma união plena.

Assim é toda economia sacramental, que tem na Eucaristia o sacramento dos sacramentos.

Os sacramentos da Igreja levam os cristãos a tocar nas vestes de Jesus como essas *"forças que saem"* do Corpo de Cristo, sendo a Eucaristia seu próprio corpo. No Catecismo da Igreja Católica, n. 1131, a definição de sacramento parece que foi retirada exatamente da passagem que estamos lendo: *"Sinais sensíveis e eficazes da Graça de Deus instituídos por Cristo para a nossa Salvação"*.

Jesus se distancia totalmente do judaísmo neste momento, se já tinha criado um código de conduta com O Sermão da Montanha, que meditamos juntos no primeiro capítulo, agora cria uma liturgia nova, uma liturgia sacramental, centrada no seu próprio corpo e sangue.

Eis o mistério da fé. Ser católico é estar diante desse mistério em cada celebração da Santa Missa, estar aos pés da cruz para o santo sacrifício do altar, sacrifício incruento, sem sangue, sacrifício que é memória e redenção, penhor da vida eterna.

3ª Parte: Senhor, só Tu dizes palavras de vida eterna!!!

"Esse foi o ensinamento de Jesus na sinagoga em Cafarnaum."
Depois de o ouvirem, muitos de seus discípulos disseram: Essas palavras são duras! Quem pode escutá-la? Percebendo que os discípulos estavam murmurando por causa disso,
Jesus lhes disse:
'Isto vos escandaliza? E se vísseis o Filho do Homem subir onde estava antes'?...
O espírito é que dá a vida,
A carne de nada serve.
As palavras que vos tenho dito são espírito e vida.
Mas entre vós há alguns que não creem. De fato, Jesus sabia desde o princípio quais eram os que não tinham fé e quem haveria de entregá-lo. E prosseguiu: Por isso vos disse: ninguém pode vir a mim se isso não lhe for concedido pelo Pai.
Desde então, muitos dos discípulos se retiraram e já não o seguiam.
Jesus perguntou então aos Doze:
Também vós quereis ir embora?
Simão Pedro respondeu:
Senhor, para quem iremos? Tu tens palavras de vida eterna. Nós acreditamos e sabemos que tu és o Senhor de Deus" (Jo 6,59-69b).

Chegamos num momento dramático, sem dúvida. Em nenhum discurso que Jesus fez, Ele foi abandonado como nessa passagem. As pessoas se aproximavam para vê-lo (cf. Lc 18,18), subiam em árvores (cf. Lc 19,1-10), desmontavam telhados (cf. Lc 5,17), mas aqueles que estavam no lago de Tiberíades e que comeram pão e peixe ficaram escandalizados com o que Jesus disse, e uma grande quantidade de seguidores, que não pertenciam aos Doze apóstolos, simplesmente se foram, porque Jesus falou sobre a Eucaristia.

A Palavra de Jesus é dura. Como assim comer a sua carne e beber o seu sangue? É escandaloso, ainda mais para o judeu que tem centenas de prescrições sobre a carne e sangue, humanos e de animais. Essa passagem é dita exatamente na Páscoa judaica, quando Jesus está voltando de Jerusalém (cf. Jo 2,23), e sabe exatamente quem vai entregá-lo, sabe que na Páscoa do próximo ano quem vai ser imolado é Ele.

Mais uma vez a materialidade toma conta do entendimento do discurso. Jesus imediatamente, como para Nicodemos (cf. Jo 3,5), explica a vicissitude do Espírito. Fico imaginando um palestrante, ou um vendedor, que ao anunciar algo, ao pronunciar uma sentença, percebe que as pessoas estão lhe ouvindo, se sentem incomodadas, se levantam e saem do recinto, pois algo que ele disse desagradou totalmente ao público ou boa parte dele. Qual seria a atitude? Não, gente; calma, esperem, eu não me expressei bem. Quantas vezes falamos algo e quando percebemos que gerou algum desconforto, reformulamos a frase, pois é da natureza humana tentar de alguma forma reverter o mal-entendido. Não houve mal-entendido, Jesus disse isso mesmo e manteve sua palavra, quem acreditou pelo Espírito ficou, e pôde com Ele entrar e ir para a ceia definitiva, a ceia da vida eterna, esses somos nós hoje, os católicos contemporâneos, que sem ver o Senhor acreditamos.

Jesus se dirige aos Doze, como quem olha para aqueles que Ele escolheu (cf. Jo 15,16), com amor de um Pai, de um Mestre, de um Pastor, *"Deus ama tanto o homem, como se o homem fosse o seu Deus"* (Santo Tomás de Aquino).

Jesus espera deles um passo na fé, um comprometimento com suas palavras e com uma nova maneira de comunhão, não com sangue de bodes, mas com o sangue do cordeiro, a Nova e Eterna Aliança.

"Jesus perguntou então aos Doze:
Também vós quereis ir embora?
Simão Pedro respondeu-lhe:
Senhor, para quem iremos? Tu tens palavras de vida eterna. Nós acreditamos e sabemos que Tu és o Santo de Deus" (Jo 6,67-69).

Jesus se dirige diretamente aos Doze, o que demonstra que tinha um grande número com Ele, que após o ápice do discurso partiram.

Esta cena final ocupa o lugar da confissão de Pedro em São João, relato que tem também nos sinóticos (cf. Mt 16,13-20; Mc 8,27-30; Lc 9,18-21).

Nem Judas se retirou, Jesus sabia bem o motivo (cf. Jo 6,70). Pedro não se retira, e por um favor especial de Deus e pela virtude do Espírito Santo proclama: "A quem devemos ir? Quem vai fazer o que tu fazes? *Só tu tens palavras de vida eterna"* (Jo 6,68). A palavra de vida eterna dada por Jesus nesse belíssimo discurso é o seu corpo e seu sangue. Pedro ainda proclama Jesus como o Filho de Deus, o enviado, o Messias. Não um Messias como os judeus queriam, um libertador político e social, mas um Senhor que veio remir o homem total, sem espadas, mas com corpo e sangue. Aproximemo-nos do Senhor!

Amar a Eucaristia e buscarmos uma vida verdadeiramente eucarística é entender as palavras de Jesus no lago de Tiberíades. Reconhecer o Sacramento da Eucaristia como o sacramento dos sacramentos.

A teologia sacramental e toda a vida da Igreja gira em torno do banquete nupcial do cordeiro ao qual somos felizes convidados. Preparemo-nos para o Senhor!

PARA REFLETIR

A Palavra de Deus é luz e vida, ilumina mentes e salva as almas, vivifica, fortalece, é caminho e bússola para nossos passos.

- Qual o papel da Eucaristia na minha vida?
- Qual a minha relação de intimidade com o Santíssimo Sacramento?
- Quais facilidades e quais dificuldades tenho para me aproximar do sacramento?
- Faço adoração? Que sentimentos me invadem ao fazê-lo?

4

O BOM PASTOR

Aquele que dá o corpo também conduz. Sobre isso, em um texto que vem completar o Sermão do Pão da Vida, São João apresenta Jesus como o Bom Pastor.

A imagem do pastor, aplicada a chefes tribais, ao Rei e a Deus, é muito tradicional no Antigo Testamento por conta do cenário agropastoril da região da Galileia, lugar onde Jesus expõe quase a totalidade de suas pregações.

Jesus se apresenta como um pastor que cuida e dá a vida pelas ovelhas.

A realidade do pastoreio parece tranquila, com um belo cenário verdejante, com bosques aonde pássaros cantam e o vento sopra; mas não é assim, a realidade é de vida e morte. Uma realidade onde somos sustentados e aparados por aquele que defende as ovelhas do vale tenebroso.

> Eu sou o bom pastor. O bom pastor dá a vida por suas ovelhas. O mercenário, que não é pastor nem dono das ovelhas, quando vê o lobo chegar abandona as ovelhas e foge. Então o lobo ataca e dispersa as ovelhas. Assim age porque é mercenário e não se importa com as ovelhas. Eu sou o bom pastor. Conheço as minhas ovelhas e elas me conhecem, assim como o Pai me conhece e eu conheço o Pai. Eu dou a minha vida pelas ovelhas. Possuo ainda outras ovelhas que não são deste curral. É preciso que eu as conduza; elas ouvirão a minha voz e haverá um só rebanho com um só pastor. O Pai me ama, porque dou a minha vida, para de novo a retomar. Ninguém a tira de mim: Sou eu mesmo que a dou. Tenho poder de dá-la e o poder de retomá-la. Esta é a ordem que recebi do meu Pai (Jo 10,11-18).

As referências do Antigo Testamento são tamanhas que essa passagem daria um tratado, porém o que mais nos salta aos olhos é a referência ao Sl 23, um dos salmos mais conhecidos e belos de todo conteúdo sapiencial do Antigo Testamento. Vamos utilizar um dos salmos favoritos de todo o saltério[15]:

> O Senhor é o meu pastor, nada me falta. Em verdes pastagens me faz repousar. Conduz-me até as fontes tranquilas e reanima minha vida; guia-me pelas sendas da justiça para honra do seu nome. Ainda que eu ande por um vale de espessas trevas não temo mal algum, porque tu estás comigo; teu bastão e teu cajado me confortam. Diante de mim preparas a mesa, bem à vista de meus inimigos; tu me unges com óleo a cabeça, minha taça transborda. Bondade e amor certamente me acompanharão todos os dias de minha vida, e habitarei na casa do Senhor por longos dias (Sl 23,1-6).

A simplicidade e a riqueza desse salmo de Davi são formidáveis, nos apresenta em duas imagens um número grandioso de símbolos como o pastor (v. 1-4), o anfitrião (v. 5-6), e no versículo central (4) menciona: *"Ainda que eu ande por um vale de espessas trevas não temo mal algum, porque tu estarás comigo; teu bastão e teu cajado me confortam"*. A imagem do Pastor é desenvolvida com tamanho realismo, a qual é difícil conter a emoção e não relacionar a passagem à nossa vida frágil de ovelha.

Vamos tentar entrar apenas na literalidade para posteriormente darmos aplicações de espiritualidade: a relva verde como uma fonte, para deitar-se, descansar e recuperar as forças; as trilhas do caminho, o vale ao anoitecer, o cajado que dita o tom do passo no chão de maneira harmônica. O que se diz das ovelhas no salmo vale para o homem no aspecto pessoal: "tu vais comigo"[16].

Em outro plano o texto vai nos apresentar vários símbolos. A imagem do pastoreio revela: o verde abundante e acolhedor, como relembrando a casa materna e acolhedora. A água mata a sede e suscita energia vital. O caminhar é experiência de radicalidade. A escuridão evoca medo, temor; porém nela se sente abrigo, proteção, amparo. A potência deste salmo não se esgota na primeira leitura.

Voltemos a Jo 10:

O pastor não apenas cuida das ovelhas, ele as conhece. Mais uma vez uma bela referência ao Antigo Testamento, principalmente no profeta Isaías: *"Chamei-te por teu nome, tu és meu"* (Is 43,1; 43,25). Se Jesus é o Bom Pastor, existem maus pastores que são usurpadores e ladrões, porém a sintonia com a voz do Bom Pastor e a intimidade com o mesmo são características de quem ouve e segue sua Palavra. O Evangelho do discípulo amado vai ilustrar o jogo de vida e morte.

---

15 Recitação ou conjunto dos Salmos.
16 Em outras traduções, "pois estás junto a mim".

"Eu sou o bom pastor: conheço as minhas ovelhas e elas me conhecem, assim como o Pai me conhece e eu conheço o Pai. Eu dou a minha vida pelas ovelhas" (Jo 10,14-15).

Lembremo-nos de Davi que, como um pastor paterno, deu a vida por suas ovelhas lutando com feras e depois com o gigante filisteu Golias. Vejamos:

> Davi respondeu ao rei Saul
> Quando o teu servo apascentava o rebanho de seu pai[17] e vinha um leão ou um urso que arrebatava uma ovelha do meio do rebanho, eu saía atrás dele, atacava-o e lhe arrancava a ovelha da boca. Se ele me atacava, eu o agarrava pela juba e o matava a pauladas. Fosse um leão, fosse um urso, teu servo o matava; e este filisteu incircunciso terá a mesma sorte porque lançou um destino às linhas de batalha do Deus vivo. Davi acrescentou ainda: O Senhor que me salvou das garras do leão e do urso me salvará também das mãos do filisteu (1Sm 17,34-37).

Não faltaram reis que arriscaram e perderam a vida lutando. Jesus dá a vida de uma maneira soteriológica[18], isto é, sua vida é o penhor da salvação eterna. A imagem de Cristo Bom Pastor é prefigurada em Davi, que era um menino, porém destemido, que lutou com feras e com o gigante Golias.

Jesus cumpre o que Davi prefigurou no Antigo Testamento: *"Ninguém tem maior amor do que aquele que dá a vida por seus amigos"* (Jo 15,13). Jesus dá sua vida voluntariamente, sacrifica-se. Pedro em sua primeira carta vai fazer um panorama do Bom Pastor, *"Para isso fostes chamados, pois também Cristo sofreu por vós e deixou o exemplo, para que sigais os seus passos"* (1Pd 2,21). Esse é o bom pastor. Se você quer ser pastor deve ser vítima, eis o cerne do texto.

Um pouco mais à frente no Evangelho omitimos esse versículo na análise, porém o trazemos agora para ser uma chave de leitura, tanto para pastores ministeriais, padres, bispos e religiosos quanto para os leigos e leigas. Uma característica das ovelhas do Senhor é o reconhecimento da sua voz: *"Minhas ovelhas ouvem minha voz, eu as conheço e elas me seguem"* (Jo 10,27). O versículo é sensacional e demonstra um caráter de intimidade. Quantas vozes ouvimos hoje? Como reconhecer a voz do Senhor em um mundo extremamente ruidoso? A porta larga pode ser indicativo de uma voz que não apascenta e sim perturba; facilidades e fuga dos sofrimentos são antagônicas à mensagem cristã. Uma multiplicidade de vozes, que gritam e nos vendem facilidades com a cultura do *"eu mereço"*, se afastam do único redil[19] e do divino pastor.

---

17 Pai de Davi é Jessé, que era um pastor.
18 Estudo da teologia que trata da salvação do homem.
19 Curral.

O Pastor é o Cordeiro que dá o sangue por suas ovelhas na cruz em sua oferta redentora; o redil é a Igreja, e nós as ovelhas. Diante de tudo isso é necessário que em nossas atividades pastorais nos esforcemos para ouvir a voz do Pastor diariamente, e assim ao seu exemplo dar a vida aos que o Senhor nos confiou e na vida cotidiana.

PARA REFLETIR

A Palavra de Deus é luz e vida, ilumina mentes e salva as almas, vivifica, fortalece, é caminho e bússola para nossos passos.

- Você é capaz de se recordar das pessoas que trabalharam, que foram "pastores", para que você estivesse aqui na Igreja hoje? Elas ainda estão na Igreja?
- Como está a sua participação na comunidade? Tem conseguido manter-se perseverante?
- Lembra-se de algum amigo(a) ou parente que não está mais participando da Igreja? Já pensou em agir como o bom pastor e promover o retorno da pessoa à vida da comunidade?

5

A SEGUNDA PESCA MILAGROSA

Após a crucificação, os apóstolos de Jesus precisavam ser confirmados na fé. Seu Mestre tinha sido morto brutalmente, estavam pensativos e cabisbaixos, temerosos do que viria a acontecer com seu grupo, sua fé e suas vidas. Jesus foi um Mestre, um líder, um Pai, porém a atitude é sempre individual. Ter um grande mestre não é garantia de sucesso. Judas teve o mesmo mestre e fraquejou. Ouvir a voz e crer é ser um cristão, essa é a diferença de estar junto e estar *"com"*.

Jesus faz sua terceira aparição, no mesmo cenário que fez suas grandes pregações e exerceu todo o seu ministério redentor, na Galileia. Dá-nos uma grande lição, prova para os apóstolos que o relato de João nos faz participantes dessa realidade, sem ele nada podemos fazer (cf. Jo 15,5).

Lá na praia, eu larguei o meu barco...

A barca da Igreja capitaneada por Pedro vai singrando os mares da história. Pedro saiu para pescar. Os Santos Padres vão analisar essa passagem de maneira mística, na verdade Pedro saiu para evangelizar, levar a mensagem de Cristo Ressuscitado. A pesca neste caso é como um apostolado, visto que eram pescadores de peixes e agora se tornaram pescadores de homens, seguindo o imperativo do Mestre: *"Ide por todo mundo e pregai o Evangelho a toda criatura"* (Mc 16,15b). Porém, a pescaria foi infrutuosa, labutaram a noite inteira e nada pescaram. Ao retornar, uma surpresa. Jesus está à margem e grita de não muito longe: Jovens, pescaram algo? E eles respondem: Não Senhor, nada pescamos. E Jesus diz: joguem a rede novamente.

Precisamos em nossa vida de insistência, não desistir no primeiro fracasso nem ficar derrotado com os erros e percalços do caminho. Jesus os motiva, e eles pescam em abundância. Por quantas vezes saímos para pregar, quantas preparamos um belo encontro de catequese, uma bela reunião de pais, um belo encontro de lideranças, mas esquecemos de convidar Jesus para nossos empreendimentos de evangelização. O protagonista é Jesus, Ele é a mensagem, é Ele quem nos converte e a missão é dele, somos os seus braços, mensageiros, filhos.

Entender essa dinâmica é colocar o Senhor na condução de todos os nossos projetos. Empreender sem Jesus na barca não dá. Os esforços são inférteis quando o protagonista é o mensageiro e não a mensagem; tendemos ao fracasso. Lembremo-nos das palavras de João Batista que veio preparar os caminhos do Senhor: *"Ele deve crescer, eu diminuir"* (Jo 3,30).

"O discípulo a quem Jesus amava disse então a Pedro:
'É o Senhor'.
Assim que Pedro ouviu que era o Senhor, vestiu a roupa – pois estava nu – e se jogou na água" (Jo 21,7).

Pedro se lança na água, esbaforido, eufórico com um coração em brasa quando escuta de João: *"Dominus est"* é o Senhor. Santo Tomás de Aquino ao analisar essa passagem vai dizer da audácia do discípulo. Pedro, que foi fraco e pecou, se lança na água quando João diz que é Jesus, deixando seus medos, anseios, seu cântaro e até mesmo sua vergonha por ter negado o Senhor. Ele bem viu os milagres, ele viajou com Jesus, viu o Cristo se transfigurar juntamente com Moisés e Elias, não teve medo, é o Bom Pastor que já deu a sua vida pelas ovelhas. Esta atitude revela que a fé não é um salto no escuro, mas deve ser uma tomada de decisão com responsabilidade, desprendimento e tenacidade. Pedro, apesar de seus pecados e limitações, entendia que a hora de se lançar era aquela; como na primeira pesca, vai para as águas mais profundas.

Que, a exemplo de Pedro, lancemos fora o medo e nos abracemos aos sinais que Jesus mostrou nos Evangelhos; não tenhamos medo!

"Assim que desceram à terra, viram brasas acesas, e um peixe, e pão. Jesus lhes disse:
'Trazei alguns dos peixes que apanhastes agora'.
Simão Pedro subiu ao barco e arrastou a rede para a terra com cento e cinquenta e três. Apesar de serem tantos, a rede não se rompeu" (Jo 21,9-11).

Jesus se antecipa, nos surpreende com seu amor, cuidado e generosidade

> Somos obra de Deus, criados por Cristo Jesus, em vista das boas obras que Deus de antemão preparou para que nós as praticássemos (Ef 2,10).

Uma abertura aos desígnios de Deus é uma prova de humildade; entregar-se sem reserva ao Senhor e ter uma esperança com responsabilidade é estar amparado por esse amor que se antecipa. Deus se antecipa! Quantas vezes nos livra de situações, nos preserva, nos exorta a olharmos os acontecimentos de outra forma, nos ensina a ter a perspicácia e a audácia do discípulo.

O pão e o peixe serão partidos e repartidos mais tarde, simbolizando a Eucaristia, mas o que nos chama a atenção nesses versículos separados é como Pedro sobe no barco e arrastando para a terra os peixes que são muitos e a rede não se rompe. Essa simbologia é fantástica, vamos compreendê-la:

A barca é a Igreja conduzida por Pedro; os peixes retirados da água são aqueles que foram lavados pela água batismal, os evangelizados, os cristãos, aqueles que foram resgatados pelo amor de Jesus, separados do mar revolto para uma vida com um sentido pleno; a rede tem o mesmo sentido de redil, que significa a unidade da Igreja que, embora formada de muitos e de muitas maneiras, não se rompe, pois a rede é tecida pelo sangue do cordeiro. O protagonista da pescaria é Jesus, que nos diz:

> Não tenhas medo! De agora em diante serás pescador de gente. Atracando em terra os barcos, eles deixaram tudo e o seguiram (Lc 5,10-11).

Duc in altum est, avance para as águas mais profundas, vá! Não olhe para trás, confia naquele que te escolheu.

"Jesus lhes diz:
Vinde comer.
Nenhum dos discípulos se atreveu a perguntar-lhe:
'Quem és tu?', sabendo que era o Senhor. Jesus aproximou-se, tomou o pão e deu para eles, e também o peixe. Essa foi a terceira vez que Jesus apareceu aos discípulos, depois de ressuscitado dos mortos" (Jo 21,12-14).

Um temor reverencial toma conta dos discípulos de Jesus, tal como os discípulos de Emaús (cf. Lc 24,13-35) sentiram seu coração arder quando o viram e quando escutaram sua voz. Jesus parte o pão e o peixe, como citei anteriormente, que são as fórmulas eucarísticas, a Comunhão. Ele se dá em alimento, se faz presente, nos interpela e confirma os discípulos mais uma vez na fé.

Que tenhamos a certeza de que Jesus está em nossa barca, avancemos rumo às águas mais profundas.

PARA REFLETIR

A Palavra de Deus é luz e vida, ilumina mentes e salva as almas, vivifica, fortalece, é caminho e bússola para nossos passos.

A resiliência é uma grande virtude no processo de evangelização.

- Como você lida com o fracasso e as divergências no processo de evangelização na sua pastoral ou movimento? Sabe pedir perdão e recomeçar?
- Reza e se coloca na presença de Deus nas suas atividades cotidianas?
- Que tal escolher alguém que possa dar um testemunho de como colocou Jesus em seus projetos?

6

MISSIONARIEDADE DA IGREJA

O papa Francisco na exortação apostólica *Evangelii Gaudium*, a alegria do Evangelho, de novembro de 2013, sobre o anúncio do Evangelho no mundo atual, reafirma o caráter missionário da Igreja. Missão esta que se encarna nas veias das comunidades e realidades humanas com suas especificidades regionais e culturais, mas principalmente o que é comum a todas, as fraquezas e limitações humanas, como nos recorda São Paulo ao se dirigir à comunidade de Corinto:

> Trazemos, porém, este tesouro em vasos de barro, para que esse poder extraordinário seja de Deus e não de nós (2Cor 4,7).

Levar o tesouro em vasos de barro é verdadeiramente reconhecer que o Senhor é o protagonista da pescaria e somos instrumentos do seu amor e plano de salvação para a humanidade.

O magistério da Igreja de diversos modos sempre impulsionou seus filhos a missão, mas recentemente, isto é, nas últimas décadas, inúmeros documentos ressaltaram a importância de anunciar o Evangelho a todos os povos de maneira eficaz e altiva. O Concílio Vaticano II em seu decreto sobre a atividade missionária *Ad Gentes*, enviada por Deus às Nações, no n. 8 afirma: *"Pelo próprio fato de testemunhar a Cristo, a Igreja revela aos homens a verdade de sua condição e de sua vocação integral"*. Os padres conciliares nos lembram de que ser Igreja é estar a caminho da missão, missão essa que deve comunicar o amor e a caridade, resplandecendo a face de Deus para todos os povos.

Caiu do cavalo

O Paulo cristão é um vulcão que começa a entrar em ebulição, de maneira nenhuma, esse mestre vem pronto para a história, ele tem pela frente um longo caminho, lutas externas e espinhos na carne, mas é um servo, um aprendiz, e por isso um líder tão célebre.

As perseguições deram a Paulo uma boa noção das crenças principais dos ditos cristãos. Vamos ver como esse judeu se torna um dos maiores discípulos e missionários de Jesus.

> Porque todo aquele que invocar o nome do Senhor será salvo. Mas como invocarão aquele em quem não creram? E como crerão sem terem ouvido falar? E como ouvirão falar, se não houver quem anuncie? Como está escrito: Como são bem-vindos os que anunciam o bem![20] (Rm 10,13-15).

São Paulo, o apóstolo dos gentios, sem dúvida encarna a vocação da Igreja missionária. Não existe, na história da Igreja, alguém com a desenvoltura missionária deste homem, que sem dúvida é um modelo para todos nós. Vamos revisitar sua história rapidamente para percebermos como a mensagem de Jesus vai se perpetuando no tempo e na história.

"Durante a viagem, estando já perto de Damasco, foi envolvido de repente por uma luz vinda do céu" (At 9,3).

São Paulo nasceu entre os anos 5 e 10 d.C., na cidade de Tarso[21] da Cilícia, atual Turquia, um lugar importante de forte cultura grega. Era contemporâneo de Jesus e dos apóstolos (cf. At 9,11; 21,39; 22,3). Era filho de judeus, da tribo de Benjamin, tribo que deu o primeiro rei a Israel, Saul (cf. Rm 11,1), e como era o costume foi circuncidado ao oitavo dia.

São Jerônimo informa que seus pais eram de Giscala, na Galileia. Paulo cresceu seguindo a mais perfeita tradição judaica (cf. Fl 3,5). Tinha uma irmã e um sobrinho que moravam em Jerusalém (cf. At 23,16). Sua profissão era artesão, fabricante de tendas (cf. At 18,3), o que era extremamente lucrativo para a época, visto que as tendas eram feitas de toldos de linho ou couro e eram comuns no mediterrâneo para reduzir um pouco o calor, e na Palestina tinham povos seminômades que utilizavam

---

20 Is 52,7.
21 Localizada na região histórica da Cilícia, atual Turquia, na foz do rio Tarso que deságua no mar Mediterrâneo. Tarso era um importante entreposto comercial romano.

tendas com frequência. Paulo era solteiro, e em 1Cor 7,8 ele escreve:*"Contudo, aos não casados e às viúvas, eu digo: é melhor para eles que permaneçam como eu"*. Ainda jovem foi para Jerusalém e, na escola de Gamaliel, especializou-se no conhecimento da sua religião. Por conta da sua classe social presume-se que teve a melhor educação possível, tornando-se um fariseu, ou seja, um especialista rigoroso e irrepreensível no cumprimento de toda a Lei e seus pormenores (At 22,3). Paulo provavelmente era um bem-nascido, ainda que haja algumas controvérsias, porém é consenso que teve acesso a uma educação que não era comum a toda a população.

Cheio de zelo pela religião começou a perseguir os cristãos (cf. Fl 3,6; At 22,4s.; 26,9-12; Gl 1,13). Os seguidores de Jesus eram considerados verdadeiros hereges para a fé judaica, e as práticas eram interpretadas de maneira literal. O corpo e o sangue do Senhor celebrados na Eucaristia eram vistos com antropofagia, isto é, canibalismo, motivo também alegado na perseguição romana, principalmente com Nero, aproximadamente no ano 53.

Paulo esteve presente no martírio de Estêvão, cujos mantos foram depositados aos seus pés (At 7,58). O fato de depositarem os mantos em seus pés demonstra que Paulo tem autorização para perseguir os cristãos de Damasco (cf. At 9,2), e os que apedrejaram Estêvão terem colocado os mantos nos pés do jovem Saulo, subentende-se que ele não participou, e o motivo é porque ele era um doutor da Lei, o mandatário e não o executor da pena.

Paulo continuou perseguindo a Igreja (At 8,1-4; 9,1-2) até que se encontrou com o Senhor na estrada de Damasco (At 9,3-19).

Estradas, caminhos e viagens são importantes na Bíblia, tanto no Antigo como no Novo Testamento. O evangelista Lucas não foge dessa tradição, tanto no seu relato evangélico como em Atos dos Apóstolos; é em uma estrada para Jerusalém que Saulo vai se transformar em Paulo. É bem provável que a caravana, maneira mais segura de se viajar pela Palestina, seguiu o caminho principal, que atravessa o vale do Jordão, virou para o nordeste da Galileia em direção a Damasco, com o monte de pico nevado Hermon ao norte. É nesse cenário, próximo a Damasco, que o evento místico acontece.

"Caiu por terra e ouviu uma voz que lhe dizia:
Saulo, Saulo, por que me persegues?
Saulo respondeu:
Quem és, Senhor?
E ele:
Eu sou Jesus, a quem tu persegues" (At 9,3-5).

Um relato arrebatador, Lucas vai comentar por mais duas vezes o acontecimento da conversão (cf. At 22,6-21; 26,12-18). É um encontro místico com o Mestre, que o chama pelo nome, e vai dizer a Ananias, em sonho, que Paulo é seu instrumento escolhido para anunciar o Evangelho entre os pagãos (cf. At 9,15).

Essa conversão sem dúvida nasce no coração da Igreja. Paulo historicamente não viu o Senhor, ele perseguia os cristãos, e não Jesus. Mas vejamos o que Jesus disse a Paulo: *"Eu sou Jesus, a quem tu persegues"* (At 9,5). Esta informação nos leva a compreender que os cristãos são o próprio Cristo e a Igreja, um só redil e um só pastor. Um perseguidor feroz se torna um seguidor leal do Messias, em poucos dias se torna um entusiasta da missão.

Isto porque a experiência de Jesus mudou completamente a sua vida. Ele recebe o Batismo, demonstrando que sua conversão foi no seio da Igreja, e se torna aquilo que recebeu: uma torrente de água-viva. Mas quem era esse instrumento que Jesus se utilizou, seus traços e suas personalidades, suas virtudes humanas?

Vejamos:

Paulo era um gênio. Além de conhecer bem a sua religião, o que pode ser comprovado pelas muitas citações ao Antigo Testamento, possuía entendimento de filosofia como também das religiões gregas do seu tempo, conhecia bem o grego e o método da retórica, como relatei anteriormente; estudou na escola de Gamaliel, que era um famoso doutor da Lei, isto é, fariseu, que formava outros fariseus, era estimado por todo o povo e príncipe no Sinédrio. Paulo foi seu aluno.

Esforçava-se para compreender o modo grego de viver. Além disso, era cidadão romano (cf. At 16,37s.; 22,25-28; 23,27). Lendo suas cartas, que são os primeiros escritos do Novo Testamento, percebemos o caráter do Apóstolo: às vezes muito meigo e carinhoso; às vezes, severo, escrevendo às comunidades comparava-se à mãe que acaricia os filhinhos e era capaz de dar a vida por eles (cf. 1Ts 2,7-8), sentia pelos fiéis as dores do parto (cf. Gl 4,19), amava-os, e por isso se sacrificava ao máximo por eles (2Cor 12,15), a exemplo do Cristo Bom Pastor, mas era também pai que educava (cf. 1Ts 2,11), que gerava as pessoas, por meio do Evangelho, à vida nova (1Cor 4,15). Quando se fazia necessário, exigia obediência (cf. 1Cor 4,21).

A determinação e a fé conduziram-no a perigosas viagens. Sofreu dura violência, cadeias, sofrimentos, perigos, e tudo isso por Jesus e pelo povo (cf. 2Cor 11,23b-27). Ao ler as suas cartas percebemos com quanta frequência ele usava expressões, tais como: tudo, todo, sempre, continuamente, sem cessar.

Quatorze anos após a sua conversão, subiu a Jerusalém, para o Concílio, onde defendeu a não circuncisão para os pagãos, aproximadamente no ano 48, tornando o cristianismo verdadeiramente católico, isto é, para todos, e não uma religião nacionalista como o judaísmo, que está atrelada não apenas a uma terra, mas ao sangue judeu.

Para ele, anunciar o Evangelho era uma obrigação.

> Mas eu não fiz uso de nenhum desses direitos. Nem escrevo isto agora para os fazer valer. Prefiro morrer, antes que alguém me prive do meu orgulho. Porque evangelizar não é o motivo de orgulho para mim, senão uma necessidade. *Ai de mim se não evangelizar!* (1Cor 9,15-17)

Teve que lutar contra os falsos missionários (2Cor 10–12) que anunciavam um Evangelho fácil, que fugiam da humilhação e da tribulação, um Evangelho sem cruz; ser pastor também é ser cordeiro.

Na sua primeira missão apostólica, entre os anos 45 e 49, anunciou o Evangelho no Chipre, Panfília, Pisídia e Lacaônia (cf. At 13–14), passou a usar o nome grego de Paulo, de preferência, para Saulo, seu nome judaico (cf. At 13,9). Paulo, acompanhado de Barnabé e Marcos, parte para Chipre, cidades de Salamina e Pafos, depois Perga da Panfília (onde Marcos os deixa), Antioquia da Pisídia, Icônio, Listra e Derbe (na atual Turquia). Voltam a Antioquia e depois vão a Jerusalém. Além de ser um grande escritor, escreveu nove cartas em treze anos, no período de 50 a 63.

Que São Paulo possa nos inspirar a um ardor missionário. *"Ai de mim se eu não evangelizar"* (1Cor 9,15-17).

O Santo de Assis

Bem, agora já sei o que fazer. Vou sair viajando e pregar a mensagem do Senhor, uma *"Igreja em saída"*. Sim, é um bom propósito, só tomemos o cuidado para não nos tornarmos uma Igreja "rueira". Vamos a outro grande exemplo de missionário para percebermos como a missão tem várias facetas.

> Em todo o caso, houve um homem que pensou que os métodos da força não eram os melhores. O grande santo que, nos começos do século XIII, tanto trabalhara para reconduzir o cristianismo à **santa pureza**, poderia acaso não desejar que a Palavra de Deus fosse levada pelo amor, e não pela espada em punho, àqueles que a ignoravam? Retornar à verdadeira tradição dos conquistadores de Cristo dos missionários de mãos nuas, mas com o coração repleto de caridade e de ternura – essa foi a ideia de São Francisco de Assis (ROPS, 1963, p. 555).

Missionários de mãos nuas, sem dúvida essa é uma definição fantástica dada por Daniel Rops sobre São Francisco de Assis e seus irmãos. Estudar a história do cristianismo é estudar a história dos santos. E quem são os santos? São pessoas que com um coração ardente de amor a nosso Senhor deram a vida para que a mensagem de

Cristo se perpetuasse sobre a Terra nos lugares mais inóspitos e habitasse em corações mais improváveis.

São Francisco nasceu em Assis, na Itália, entre 1181 a 1182; até os 25 anos viveu a sua juventude como qualquer outro jovem. Gostava de festas, de se divertir com os amigos e desejava ser cavaleiro, anseios de desejos como os nossos, ter, ser e poder.

O mundo que Francisco nasceu, a Europa do século XII, era um mundo em ebulição, conflitos militares fervorosos, as famosas guerras comunais ou guerras feudais, novas técnicas de cultivo, intercâmbio cultural, frutos das cruzadas, e um comércio em transformação que fez florescer as cidades após as invasões nórdicas; era a época de ouro do catolicismo, das catedrais góticas e da filosofia escolástica.

No ano de 1201, incentivado por seu pai, que também ansiava pela fama e nobreza, Francisco partiu para mais uma guerra que os senhores feudais empreendiam por terra e domínio comercial. Francisco caiu prisioneiro, sendo levado para a prisão de Perúgia. Ao término de um ano foi solto da prisão, retornando para Assis, onde se entregou novamente aos saudosos divertimentos da juventude e às atividades na casa comercial de seu pai[22]. Até então utilizava os métodos da força para obter reconhecimento e glória.

Francisco novamente vai à guerra. Seu sonho: ser um cavaleiro, lutar nas trincheiras e ser reconhecido por seu escudo brilhante e sua moral ilibada. Deus sempre nos prepara algo de antemão como meditamos anteriormente, uma febre forte o surpreende, tem seu primeiro encontro com o Senhor.

Francisco escuta o chamado do Senhor, tal como os heróis bíblicos no Antigo Testamento e o Senhor propõe uma parábola, um questionamento para o jovem soldado que esperava na glória humana saciar o anseio do seu coração:

"Preocupado [...] se entrega a um sono profundo, ouviu, meio dormindo, alguém que o interrogava para onde desejava dirigir-se:
– Francisco, o que é mais importante, servir ao Senhor ou servir ao servo?
– Servir ao Senhor, é claro – respondeu o jovem.
– Então, por que deixas o Senhor pelo servo e o Príncipe pelo vassalo?
– ' Que quereis que eu faça, Senhor?' (cf. At 9,6).
– 'Volta para a tua terra' (cf. Gn 32,9), e ser-te-á dito o que deves fazer" (cf. At 9,7).
(Legenda dos três companheiros, II – Fontes Franciscanas, 2008, n. 6, p. 793).

Veja a semelhança com a história de Paulo, como o Senhor escolhe aquele que verdadeiramente quer. Com um coração sedento de respostas e desejoso por um ideal que o completasse, que lhe desse verdadeiramente um sentido para a vida, com esse

---
22 Comerciante de tecidos.

espírito, segundo Frei Tomás de Celano, que escreve sobre a vida de Francisco, ele fica inquieto em Assis, esperando a resposta que o Senhor prometera e vai até Roma, o berço da Igreja medieval, para tentar a resposta que tanto ansiava: – Senhor, o que quereis que eu faça?

Deus nos fala em seu tempo, somos afoitos e queremos respostas prontas. A resposta que Francisco recebeu foi a letra do Evangelho pura e simples, amar.

Essa experiência de amor vai ter seu primeiro grande impacto quando ao voltar de Roma, em meados de 1206, no caminho, retornando para Assis, ainda desejoso de respostas, ele abraça e beija um leproso. Eis a missionariedade da Igreja; ir aonde ninguém quer ir e se fazer presente aonde ninguém está presente, levar o amor a todos, mas principalmente aos irmãos menores.

Em uma pequena capela, de São Damião que está em ruínas, ao olhar para o crucifixo escuta: "Francisco, vai e reconstrói a minha Igreja que está em ruínas".

Sim, a Igreja se encontrava em um momento muito delicado de sua história, por isso Deus suscita os santos, como os profetas do Antigo Testamento, para reconduzir o povo à santidade. Francisco ouviu a voz do Senhor e se tornou um missionário de mãos nuas:

> Não leveis coisa alguma pelo caminho: nem bastão, nem sacola, nem pão, nem dinheiro, nem mesmo uma muda de roupa a mais[23] (Lc 9,3).

As palavras do Evangelho, segundo São Lucas, encontraram terra boa em seu coração e foram para ele como intensa luz. E exclamou, cheio de alegria: "É isso precisamente o que eu quero! É isso que desejo de todo o coração!" (1Celano, n. 22. *Fontes franciscanas*, 2008, p. 212).

E sem demora começou a viver, como o faria em toda a sua vida, a pura letra do Evangelho. Repetia sempre para si e, mais tarde, também para seus companheiros: "Nossa regra de vida é viver o Evangelho de Nosso Senhor Jesus Cristo"! (Regra Bulada, I – *Fontes Franciscanas*, 2008, n. 2, p. 158).

Viver o Evangelho é ser missionário. A partir daquele dia, Francisco iniciou sua vida de pregador itinerante, percorrendo as localidades vizinhas e pregando, em palavras simples, o Evangelho de Cristo. Em documento algum consta que Francisco, depois de ouvir o Evangelho na Porciúncula, tenha saído à procura de seguidores. Não tinha a mínima intenção, nem mesmo a ideia, de inventar uma comunidade. Muitos começaram, enfim, a compreender o sentido dessa vida e manifestaram o desejo de segui-la. O primeiro foi um homem rico de Assis, Bernardo de Quintaval. *"Se queres ser perfeito, vende o que tens e dá o dinheiro aos pobres. Depois vem e segue-me"* (Mt 19,21). *"Se alguém quiser vir após mim, renuncie a si mesmo, tome a sua cruz e*

---

23 Ou duas túnicas.

me siga" (Mt 16,24). *"Isto é o que devemos fazer, e é o que farão todos quantos quiserem vir conosco"* – exclamou Francisco, que subitamente viu brilhar uma luz sobre o caminho que ele e seus companheiros deveriam seguir. Finalmente encontrou o que por tanto tempo havia procurado! Isto aconteceu a 24 de fevereiro de 1208, dando início à fundação da Fraternidade dos Irmãos Menores. Um homem evangélico configurado a Cristo, Cherterton, vai escrever que São Francisco é um herói humano e humanitário; faz ecoar em seu coração as Bem-aventuranças e quer ser um instrumento na construção da civilização do amor: "Senhor, fazei-me instrumento de vossa paz".

Será que só é missão ou a Igreja só é missionária quando viajamos como São Paulo? Quando nos tornamos mendicantes como Francisco e Domingos?

A maior entre os santos modernos

Vamos tomar como exemplo uma menina que também ouviu a voz do Senhor e se entregou totalmente a Ele, Santa Teresinha do Menino Jesus e da Sagrada Face.

Santa Teresinha que, com um coração luminoso, queria ser no coração da Igreja o amor, nos ensinou, através de sua "pequena via", que a vida de missionariedade é um caminho sobrenatural.

A missão da Igreja não é a venda de um produto como em um anúncio comercial, não é uma ação de *marketing*, é a conversão das almas para Cristo, para que arrependidos dos nossos pecados e reconciliados pelos sacramentos e alimentados pelo Corpo e Sangue de Cristo possamos um dia adentrar na morada eterna e ver a Deus face a face, tal como Ele é.

Como que o papa Pio XI, em 1927, proclamou uma menina, que nunca saiu do seu claustro em Lisieux, como padroeira universal das missões? E mais tarde São João Paulo II, em 1997, colocou-a na lista seletíssima dos doutores da Igreja?

Teresinha tinha muitos sonhos, queria ser uma grande missionária e queria converter as almas para Jesus. Fez as duas coisas com maestria, vivendo o seu dia a dia e oferecendo seus sofrimentos para a santificação da Igreja. Essa é a "pequena via". Não é o tamanho da obra ou a sua magnitude, e sim a intensidade da obra: o que for fazer, faça-o bem.

Como pode então ser uma missionária sem sair do seu claustro? Ela navegou mares revoltos e atravessou os continentes com a força de seu amor a Jesus e de sua oração pelos padres missionários na Ásia.

Um dos relatos que mais me impressiona dessa *"pequena"* santa, de quem o papa Pio X disse: *"a maior entre os santos modernos"*, é o relato de sua entrada no Carmelo em abril de 1888 em Lisieux, uma oblação amorosa e missionária no coração da Igreja:

> Segunda-feira, 9 de abril, dia em que o Carmelo celebrava a festa da Anunciação, transferida devido à Quaresma, foi escolhida para minha entrada. Na véspera, toda a família estava reunida ao redor da mesa, onde devia sentar-me pela última vez. Ah! Quão pungentes são essas reuniões íntimas! [...] Na manhã do grande dia, depois de ter lançado um último olhar aos Buissonnetes[24], este doce ninho de minha infância, que não haveria de rever, dei o braço a meu Rei querido[25] e parti para galgar a Montanha do Carmelo... Como na véspera, toda a família se achava reunida para assistir a Santa Missa e comungar. Assim que Jesus desceu no coração dos meus parentes queridos, não ouvi ao redor de mim senão soluços. Só eu que não derramava lágrimas, mas sentia meu coração bater com tal violência que me parecia impossível dar um passo, quando nos disseram que fôssemos à porta da clausura. Adiantei-me perguntando-me, no entanto, se não iria morrer pela força das batidas do meu coração... Ah, que momento aquele! É preciso ter passado por ele para saber o que é... Minha emoção não se manifestava no exterior. Tendo abraçado todos os membros de minha querida família, pus-me de joelhos diante do meu incomparável Pai, pedindo sua bênção. Para dá-la, ajoelhou-se ele mesmo, e me abençoou, chorando... Devia fazer sorrir os anjos esses espetáculos em que um ancião apresenta ao Senhor sua filha ainda na primavera da vida!... Alguns instantes depois as portas da arca santa fecharam-se atrás de mim e recebi os abraços das queridas irmãs que me serviram de mães e que doravante ia tomar por modelo em minhas ações... Enfim, meus desejos estavam satisfeitos; minha alma experimentava uma paz tão doce e profunda que seria impossível exprimi-la. Há sete anos e meio esta paz íntima continua a ser minha partilha; e não me abandonou em meio às maiores das provações (*Manuscrito A*, 191,192,193).

Eis o cerne do ímpeto missionário: ser pobre, confiar somente em Deus e lhe entregar todas as suas potências. Esse relato maravilhoso de uma menina que sente seu coração transbordar de alegria, sem dúvida nos emociona ao ver como grandiosa é a obra de Deus e como pequeninos somos. São João Paulo II vai nos dizer na Encíclica *Redemptoris Missio* sobre a validade permanente do mandato missionário no número 41:

> o homem contemporâneo acredita mais nas testemunhas do que nos mestres, mais na experiência do que na doutrina, mais na vida e nos fatos do que na teoria.

A missão nos dias de hoje é um grande desafio. Dar significado à mensagem de salvação em um mundo que perdeu o seu sentido da palavra esperança é hercúleo.

O processo de secularização é a perda do significado do sagrado. O que passa a ser supravalorizado é o individual, o pessoal, o sentimentalismo e o imediatismo que

---

24 Casa.
25 Seu pai, Louis Martin (1823-1894). Canonizado pelo papa Francisco em 18 de outubro de 2015.

estão presentes muitas vezes em nossas igrejas. Uma prática quase primitiva, distante dos processos racionais, e cada vez mais simplistas, com promessas de prosperidade e cura, como um produto em gôndolas de um supermercado.

A fé não deve ser um adorno na vida do homem. Ela é a mola mestra de sua vida, o principal fator que agrega valores e rege o comportamento. O paraíso niilista[26] é o encontro do vazio com o nada.

A fé no pleno e no absoluto é capaz de dissipar as trevas da autossuficiência, mas a ignorância e as comodidades entorpecem a razão do homem; nossas vontades, nossos cântaros do dia a dia, nos aprisionam e nos impedem muitas vezes de uma liberdade plena, aquela experimentada por Teresinha ao entrar no Carmelo.

> Ora, essa é exatamente a reivindicação que venho fazendo para o cristianismo. Não simplesmente que ele deduz verdades lógicas, mas que, quando de repente se torna ilógico, ele encontrou, por assim dizer, má verdade ilógica. Ele não apenas acerta em relação às coisas, mas também erra (se assim se pode dizer) exatamente onde as coisas saem erradas. Seu plano se adapta às irregularidades ocultas e espera o inesperado (CHESTERTON, 2008, p. 137).

Estar aberto ao improvável é ter confiança em algo que a razão não alcança, é o cerne da fé. Ter fé não é ser alienado, pelo contrário, é confiar em algo pleno e absoluto, como Abraão que esperou contra toda esperança (cf. Rm 4,18). Ter esperança e se lançar na missão é ter certeza que Jesus está no comando da barca mesmo quando somos enviados como ovelhas em meio aos lobos:

> Eu vos envio como ovelhas no meio de lobos: sede, pois, prudentes como as serpentes e simples como as pombas (Mt 10,16).

Em mais uma pregação de envio, nosso Senhor envia suas ovelhas em meio aos lobos. Uma metáfora das dificuldades que viriam à frente da perseguição e do martírio que a Igreja sofreria logo nos primeiros anos e até os dias de hoje. A heroína Inês, celebrada no dia 21 de janeiro, que em sua representação tem uma singela ovelhinha em seus braços, foi martirizada por guardar sua pureza e elevada às honras dos altares e de tantos outros santos e mártires anônimos, santos de calça *jeans*, lembrando o saudoso São João Paulo II.

Jesus também vem elucidar que é o Pastor que defende as suas ovelhas das investidas dos lobos que se personificam de diversos modos e maneiras. É Ele quem defende sua Igreja, e o fato da perseguição existir não significa que Ele se afastou; pelo contrário, está conosco, pois o sofrimento é inerente à missão, sendo uma das Bem-aventuranças.

---

26 Doutrina filosófica pessimista e cética.

> Felizes sereis quando vos insultarem e perseguirem e por minha causa disserem todo tipo de calúnia contra vós. Alegrai-vos e exultai, porque grande será a vossa recompensa nos céus. Foi assim que perseguiram os profetas antes de vós (Mt 5,11-12).

A confiança nesse Pastor que nos protege é o significado mais profundo da pobreza evangélica. Colocar toda a confiança em Jesus, não em alguém ou alguma coisa, colocar Jesus no centro de nossas vidas e receber assim vida em abundância. Demonstrar isso com o testemunho da fé e da experiência de Jesus é fundamental para que a missão evangelizadora da Igreja se torne uma realidade em um mundo tão descrente. Deus escolhe aqueles que não são nobres e cultos, mas simples e frágeis, pessoas improváveis para que a glória seja sempre de Deus e não humana.

> Irmãos, olhai para vós que fostes chamados por Deus: não há muitos sábios segundo a carne, não muito poderosos, não muito nobres. Antes, o que o mundo acha loucura, Deus o escolheu para confundir os fortes, e vil e desprezível aos olhos do mundo, o que não é nada, Deus escolheu para destruir o que é, para que nenhum mortal se orgulhe diante de Deus (1Cor 1,26-29).

Jesus nos envia e nos dá dois conselhos: levar a prudência da serpente e a candura da pomba. Santo Tomás, na famosa Catena Áurea, ao comentar essa passagem, vai dar três características da serpente: A primeira característica da serpente é que ela protege sua cabeça sempre que é atacada. Essa metáfora diz para o cristão que ele deve preservar sua reta intenção, o objetivo puro daquilo que precisamos e devemos realizar. Em segundo lugar, a serpente sempre muda de pele, demonstrando que devemos nos transformar em pessoas melhores, nos convertermos diariamente, ir aos poucos perdendo nossas cascas e nossos cântaros. E por último, Tomás de Aquino nos diz que a serpente argumentou com Eva. O pregador, o evangelizador, o formador, o catequista são aqueles que devem desenvolver esse dom de convencimento pelas palavras, além de levar a pureza e a candura das pombas.

A missão é inerente à vida do católico. Não confundir com um mero proselitismo, visto que a mensagem de Cristo é uma proposta e não uma imposição: *"Já estou chegando e batendo à porta. Se alguém ouvir a minha voz e abrir a porta, entrarei em sua casa, e juntos faremos a refeição"* (Ap 3,20).

Recordo-me bem uma das primeiras vezes que entrei no salão paroquial da minha querida Igreja de Santo Antônio do Alto da Serra em Petrópolis, no final da década de 1990 para participar do grupo de jovens e vi um grande quadro do então papa, de saudosa memória, João Paulo II, de pé, olhando quase reclinado para seu relógio de pulso e com uma das mãos segurando-o. O quadro continha o seguinte dizer: É hora de evangelizar! Fiquei impactado por aquela imagem, e aos poucos pude ir percebendo que partilhar aquilo que vivemos é uma obrigação.

Ser formado, ser catequista é isso, uma das mais nobres atividades pastorais da Igreja Católica. Assemelhamo-nos assim ao ímpeto de Paulo, ao ardor de Francisco e à meditação orante de Teresinha, e à estrela da evangelização, Maria, mãe de Jesus e nossa, a primeiríssima catequista.

Ser discípulo não é simplesmente conhecer nosso Senhor, o jovem rico (cf. Mt 19,16-30) o conheceu, e ficou no anonimato de suas superficialidades, pois não quis gastar a sua vida pelo Reino de Deus (cf. Mt 16,25). Discípulo é aquele que se configura com Ele, como verificamos nos exemplos citados neste capítulo. A intelectualidade de Paulo, a simplicidade de Francisco e a alma livre de Teresinha, que não apenas conheciam Jesus, mas o seguiam e o levavam por onde quer que fossem em seus trabalhos cotidianos e em nobres empreendimentos, pois amavam, porque eram discípulos e missionários. Todo discípulo é um missionário, pois *"Não podemos calar o que experimentamos"* (At 4,20). Eis a missão da Igreja, eis sua natureza, eis a missão do cristão que se faz discípulo missionário: fazer nosso Senhor ser conhecido e amado.

PARA REFLETIR

A Palavra de Deus é luz e vida, ilumina mentes e salva as almas, vivifica, fortalece, é caminho e bússola para nossos passos.

Ser discípulos e missionários, essa foi a proposta do capítulo que se encerrou. Vamos refletir sobre isso e vejamos o que podemos fazer para aumentar o seguimento de Jesus e a missionariedade em nossa paróquia, movimentos e na nossa própria casa.

- Como eu tenho me relacionado com a dimensão missionária da Igreja? Tenho feito alguma missão?
- Tenho testemunhado o Senhor em meus ambientes de convivência diária, tais como: família, trabalho, escola? Como tenho feito isso?
- Já senti vergonha em dizer que sou cristão, católico? Por quê?
- Para não sentir vergonha precisamos conhecer o que diz e faz a nossa Igreja. Pense o que precisa saber para anunciar com segurança a fé que professa?

7

FORMAR-SE PARA SERVIR

Na Igreja o tema da formação é recorrente. Quantos documentos importantes e norteadores, quantas reuniões diocesanas e paroquiais participamos com a temática formação no intuito de darmos o melhor e sermos sujeitos ativos da vivência cristã da missionariedade e dos valores que devem permear nossa vida em sociedade como filhos e pais, agentes pastorais e missionários, e cidadãos conscientes de que a mensagem do humanismo integral e solidário é parte de nossa caminhada de comunidade cristã?

Um verdadeiro processo formativo não é colocar em forma, para que todos saiam do processo uniformemente iguais, isso é deformação, temos a mesma fé, e isso deve ser salvaguardado no processo formativo. Ser Igreja é isso, as especificidades de cada um, de cada comunidade, de cada paróquia são únicas e constituem uma das maiores riquezas da Igreja; isso é ser católico, unidade na diversidade, a famosa "pastoral de conjunto", é estar unido de corpo e alma, não em uma suposta uniformidade de métodos, mas no princípio que deve nortear a missão evangelizadora, fazer Jesus Cristo ser conhecido e amado.

O anúncio do *Querigma* é tarefa urgente como nos lembra o papa Francisco na *Evangelii Gaudium*, n. 164:

> Voltamos a descobrir que também na catequese tem um papel fundamental o primeiro anúncio ou querigma, que deve ocupar o centro da atividade evangelizadora e de toda a tentativa de renovação eclesial. O querigma é trinitário. [...] Na boca do catequista, volta a ressoar sempre o primeiro anúncio: "Jesus Cristo ama-te, deu a sua vida para te salvar, e agora vive contigo todos os dias para te iluminar, fortalecer, libertar".

A formação permanente da fé tem como objetivo tornar-nos apaixonados por Jesus e pela Igreja que Ele fundou; é alguém que fez um encontro com Jesus, que encontrou um tesouro e quer repartir com seus irmãos.

> Ajuntai riquezas no céu, onde nem traça nem ferrugem as corroem, e os ladrões arrombam nem roubam. Pois onde estiver vosso tesouro, aí também estará o coração (Mt 6,20-21).

Eis a sua riqueza que vem do encontro com o Senhor, algo imperecível: a messe é grande e os operários poucos, e os poucos são enviados como ovelhas em meio a lobos, como refletimos no capítulo anterior. Como então vencer os desafios de evangelizar em um mundo em que Deus muitas vezes não tem sentido algum na vida das pessoas? Qual é o caminho para que minha voz, minha experiência com Deus se reverbere e atinja outros corações como atingiu o meu?

A primeira coisa: "A porta do castelo é a oração", nos diz Santa Teresa D'Ávila (1515-1582). Colocar nossos projetos no coração de Deus e trazer Jesus para a nossa barca é fundamental para que tenhamos êxito em nossos projetos. Para isso é preciso dedicar tempo para adquirir uma formação sólida, para nos tornamos não apenas pessoas motivadas e sim preparadas para enfrentar os desafios da evangelização no mundo contemporâneo.

> A Igreja sabe perfeitamente que só Deus, ao qual serve, responde às aspirações profundíssimas do coração humano, que nunca se sacia plenamente com alimentos terrestres (GS, n. 41).

A formação permanente da fé deve ser um encontro com Deus, um encontro com seu projeto de amor, a Igreja. Devemos nos utilizar de instrumentos para que a mensagem possa ser transmitida de maneira adequada e eficaz; sendo assim, não basta ter apenas boa vontade, ou ser um catequista, um agente pastoral, um líder de movimento ou um religioso apenas motivado. Motivação sem preparo é prenúncio para o fracasso. Coloque Jesus em sua barca, prepare-se e prepare-se bem, dê o melhor para Deus! Você merece se preparar, merece ser capaz de fazer um trabalho de evangelização de excelência.

A frase de São Paulo VI na *Evangelii Nuntiandi*, n. 41 de 1975, é de uma atualidade impressionante:

> O homem contemporâneo acredita mais nas testemunhas do que nos mestres, mais na experiência do que na doutrina, mais na vida e nos fatos do que nas teorias.

O discípulo e missionário antes de ser um mestre de doutrina deve ser uma pessoa que tem um contato íntimo com Deus, um mestre na arte de rezar e se colocar na presença do Senhor para auxiliar a si e aos que se aproximam dele.

A vida interior e a vida de testemunho têm um papel fundamental no processo formativo, a intelectualidade cristã deve ser um caminho para a espiritualidade e oração. Não podemos cair no erro do "intelectualismo" que nada agrega e afasta os mais simples do caminho do Senhor, mas nos apropriar dos saberes das diferentes ciências para melhor evangelizar, formar, educar a fé.

A doutrina, os dogmas e os textos fundamentais são meios e não um fim em si mesmos. Se não há uma adesão de fé não terão o poder de transformar almas. Se a intelectualidade te faz arrogante não é intelectualidade, e sim uma pseudointelectualidade, pois conhecer é servir, e quem serve sempre tem um espírito humilde e generoso, e sabemos que *"Deus resiste aos soberbos, mas aos humildes concede as graças[27]"* (Tg 4,6).

Como então crescer em intelectualidade e em virtudes para sermos discípulos e missionários? Basta ler o Catecismo e a Bíblia e estarei pronto? Ou isso não é necessário? Basta ser uma pessoa de oração e temente a Deus? E como se tornar essa pessoa de oração?

Tanto a formação intelectual, como crescer em virtudes humanas, e a vida interior são necessárias. Para a pessoa ser um bom cristão católico é necessário tudo isso. Sendo um bom cristão católico será um bom catequista, um bom pai, uma boa mãe, um bom filho, um bom cidadão, um bom formador. Para isso os fundamentos sólidos, como já apresentei anteriormente – vida sacramental e intimidade com Deus –, devem ser os ingredientes principais de toda essa conjuntura, que sem dúvida a tarefa mais árdua do cristão é a vida interior.

Qual o caminho, portanto, para ter uma vida interior? Como me tornar uma testemunha de Cristo de uma forma a introduzir outros a esse caminho mistagógico[28]? Essa é uma questão aguda para todo o cristão, mas de modo especial para aquele que quer ser verdadeiramente um anunciador, um agente pastoral, um catequista, um cristão que atua na formação de outros cristãos. Lembro-me de um amigo frade servitano que ao ser designado para uma nova missão e ao celebrar na capela mais simples da sua paróquia, dedicada à Nossa Senhora de Nazaré no seio da floresta amazônica relatou: Ninguém fica escondido do amor de Deus, Ele *não se limita, não* fica preso às circunstâncias, faz-se presente nos mais simples casebres.

Frei Marcos Antônio me deu uma grande lição. Deus é simples, fez-se simples e ama a simplicidade com doçura. Diante disso podemos concluir que esse empreendimento não é apenas seu, é daquele que te chamou.

Ao assumirmos a missão de evangelizar, de contribuir na educação da fé podemos e devemos humildemente traçar algum itinerário para que nossa vida interior cresça. Partindo do simples pedido: *"Aumenta-nos a fé"* (Lc 17,5), expressamos a necessidade de

---

27 Pr 3,34.
28 Conduzir através dos sinais, principalmente da Liturgia, o mistério da Igreja.

aumentar em nós esse dom recebido pelo Batismo. A fé deve ser um movimento *afetivo* e *efetivo*. Afetivo porque eu quero, desejo profundamente, e efetivo porque eu vou ao encontro dos outros. Como então aumentar a nossa fé?

Uma das maneiras mais consagradas de aumentar a fé é meditar sobre a paixão, morte e ressurreição do Senhor, principalmente participar dos exercícios de piedade da Quaresma e da Semana Santa.

Meditar a oblação de Cristo na cruz renova a nossa fé nesse amor voluntário que nada espera e que vem ao nosso encontro desprovido de qualquer mácula. A meditação sobre o mistério pascal nos dá a dimensão do ato de amor de Jesus por nós e pela humanidade. Imbuídos nesse amor impactante e desejoso dele, partimos para o efetivo e podemos assim meditar sobre as obras de misericórdia corporal: Dar de comer a quem tem fome, dar de beber a quem tem sede, dar pousada aos peregrinos, vestir os nus, visitar os enfermos, visitar os presos e enterrar os mortos.

Percebemos uma ação efetiva nesses exercícios em que o verbo sempre está no infinitivo: dar, vestir, assistir, visitar, enterrar, levando-nos a perceber que tudo o que é realizado *não é para você, é para o outro*. Deus no Antigo Testamento será identificado com o binômio, *paciente e misericordioso*. Ele vem ao nosso encontro disposto a conduzir e perdoar, assim é a face do Novo Testamento que o Pai, por meio de Jesus, Deus encarnado, se compadece dos mais necessitados e vê o coração do homem e não apenas o seu exterior. O imperativo cristão de todos os séculos e agudo em nossos dias é justamente esse, paciência e misericórdia. Podemos exercê-las de maneira efetiva como atitudes concretas como nos anima Jesus.

> Porque tive fome e me destes de comer, tive sede e me destes de beber, fui peregrino e me acolhestes, estava nu e me vestistes, enfermo e visitastes, estava na cadeia e viestes ver-me (Mt 25,35-37).

A missão da Igreja e, por conseguinte, do discípulo e missionário de Jesus é estar e se fazer presente onde o mundo não quer estar, olhar para aquele que ninguém olha, amar aquele que ninguém ama, servir aquele que ninguém serve. O Sl 136 nos mostra que *"Eterna é a sua misericórdia"*, portanto exercitar junto ao irmão as obras de misericórdia faz com que – além de meditarmos sobre como a nossa vida é um sopro, e como somos todos iguais, peregrinos nessa terra, e que o sofrimento iguala os ricos e os pobres – essas práticas efetivas e afetivas nos farão crer de maneira mais lúcida e perceber que o seguimento de Jesus aos poucos se torna na terra o que Ele é: "Já não sou eu que vivo, é Cristo que vive em mim" (Gl 2,20).

Outro ponto para crescermos na vida interior é aumentar a nossa esperança, e ela não decepciona nem engana, porque sabemos bem em quem depositamos nossa esperança, como nos lembra São Paulo aos romanos.

> A esperança não engana, pois o amor de Deus se derramou em nossos corações pelo Espírito Santo que nos foi dado (Rm 5,5).

O relato dos primeiros discípulos e missionários nos enche de emoção e esperança e nos remete que a vida da Igreja se deve ao sangue de muitos cristãos. Por esse motivo deve ser estudada e refletida para que tenhamos a dimensão do corpo místico de Cristo ao qual fomos incorporados no Santo Batismo. São Paulo escreve à comunidade de Roma em meio à perseguição de Nero, aproximadamente no ano 57. O Apóstolo dos Gentios nos presenteia com essa pérola do conjunto epistolar. Roma, com aproximadamente um milhão de habitantes, mais da metade deles escravos, se vê banhada em sangue pela crueldade de Nero, que persegue os cristãos como uma praga abominável que deve ser extirpada do império, mata e humilha uma multidão, os castiga por pura diversão, e para tirar de si a suspeita de ter incendiado Roma acusa São Paulo e os cristãos. Por sua vez, São Paulo vem acalmá-los, com uma mensagem de esperança, que parece contraditória.

A esperança cristã é contraditória, não segue a lógica humana e não se desespera; por isso não existe hoje nenhum motivo para que não a tenhamos presente em nossa vida, para que não a anunciemos. Ajuda-nos a compreender a esperança o exemplo de um cristão que mesmo perseguido se mantém convicto do que acredita e prega a fé de maneira genuína. Esse cristão é anônimo, como tantos que temos em nossas comunidades e que desempenham um papel fundamental, fazem o apostolado que ninguém vê e são como "a pedra que os pedreiros rejeitaram" (Sl 118,22). O relato, porém, tem um destino, Diagoneto, é o nome do destinatário da carta, vejamos o que ele leu quando a recebeu nos parágrafos V e VI.

> Os cristãos, de fato, não se distinguem dos outros homens, nem por sua terra, nem por sua língua ou costumes. Com efeito, não moram em cidades próprias, nem falam língua estranha, nem têm algum modo especial de viver. Sua doutrina não foi inventada por eles, graças ao talento e à especulação de homens curiosos, nem professam, como outros, algum ensinamento humano. Pelo contrário, vivendo em casa grega e bárbara, conforme a sorte de cada um, e adaptando-se aos costumes do lugar quanto à roupa, ao alimento e ao resto, testemunham um modo de vida admirável e, sem dúvida, paradoxal. Vivem na sua pátria, mas como forasteiros; participam de tudo como cristãos e suportam tudo como estrangeiros. Toda pátria estrangeira é pátria deles, a cada pátria é estrangeira. Casam-se como todos e geram filhos, mas não abandonam os recém-nascidos. Põem a mesa em comum, mas não o leito; estão na carne, mas não vivem segundo a carne; moram na terra, mas têm sua cidadania no céu; obedecem as leis estabelecidas, mas com sua vida ultrapassam as leis; amam a todos e são perseguidos por todos; são desconhecidos e, apesar disso, condenados; são mortos

> e, deste modo, lhes é dada a vida; são pobres e enriquecem a muitos; carecem de tudo e têm abundância de tudo; são desprezados e, no desprezo, tornam-se glorificados; são amaldiçoados e, depois, proclamados justos; são injuriados, e bendizem; são maltratados, e honram; fazem o bem, e são punidos como malfeitores; são condenados, e se alegram como se recebessem a vida. Pelos judeus são combatidos como estrangeiros, pelos gregos são perseguidos, a aqueles que os odeiam não saberiam dizer o motivo do ódio.
> (*A Carta a Diogneto*, p. 22, 1984, Vozes)

Essa joia de um herói do cristianismo que apesar de todas as adversidades não perdeu sua esperança no Cristo e na Igreja nos oferece esse belo testemunho. Ao ler constatamos que nossos problemas de convivência paroquial nos parecem tão insignificantes e diminutos, parecem se diluir pelo caminho. Isto porque, quando vemos as dificuldades que os primeiros cristãos viviam, percebemos que os entraves que se apresentam tanto no processo formativo quanto no discipulado são pequenos em relação à missão que Cristo nos confiou e passamos a entender melhor quando nos diz: "No mundo tereis aflições. Mas tende coragem! Eu venci o mundo!" (Jo 16,33b). A formação permanente da fé é sem dúvida um ato de coragem de sair do comodismo, é ter um otimismo cristão, como relata São Josemaria Escrivá de Balaguer (1987, n. 659):

> O otimismo cristão não é um otimismo doce nem tampouco uma confiança humana de que tudo dará certo. É um otimismo que finca suas raízes na consciência da liberdade e na segurança em relação ao poder da graça; um otimismo que nos leva a exigir de nós mesmos, a nos esforçarmos a corresponder, a cada instante, ao chamamento de Deus.

O que completa, portanto, as virtudes teologais é a caridade. O papa Bento XVI, na carta encíclica *Deus Caritas Est*, vai falar do Amor *Eros* de Deus pelo homem, um amor de encontro e de entrega; entender essa dimensão do amor é entender a *Caritas* cristã, tal como a fé que deve ser afetiva e efetiva, assim também se apresenta a caridade. Ser discípulo e missionário de Jesus é desejar esse amor, e estar aberto para as transformações que ele causará em nossas vidas, essa é a dimensão afetiva, um ato de generosidade e decisão, eu quero! É o *fiat*, sim, o amém de todo dia, desejar ardentemente ser impactado pela mensagem amorosa de Jesus. Modificado por esse amor vou ao encontro daqueles que foram a mim confiados.

> Se alguém disser: "Amo a Deus", mas odiar o irmão, é mentiroso. Pois quem não ama o seu irmão a quem vê, não pode amar a Deus, que não vê (1Jo 4,20).

Amar o irmão que vê é o princípio para que tenhamos uma fé efetiva e assim possamos nos tornar discípulos autênticos de Jesus. Estar no discipulado do Mestre é ser conduzido por seu amor, afetivo e efetivo, coração e braços, isso é parte fundamental de uma formação permanente da fé.

Estar no discipulado de Jesus é se colocar a serviço dos irmãos e da Igreja. Para isso é necessário dispor-se a preparar-se, formar-se para atuar compreendendo que na Igreja há diversidade e esta não é impedimento para a unidade. Ao contrário, a diversidade de dons a enriquece, contribui para seu desenvolvimento. Portanto, para nos colocar a serviço precisamos cultivar a nossa fé e iluminá-la por meio do encontro com o Senhor realizado na celebração e na vida de oração, para que seja possível viver como verdadeiras testemunhas dos valores do Evangelho e da fé que é professada, tal como o fizeram os primeiros cristãos.

Nessa dinâmica, de ser discípulo do Senhor, é necessário se dedicar à leitura e estudos do conteúdo fantástico dos textos fundamentais como a Bíblia, o Catecismo, os documentos eclesiásticos, a vida dos santos e a Tradição da Igreja de mais de 2 mil anos. Mas o interesse para isso nascerá de um coração que fez o encontro pessoal e íntimo com o Senhor e o ama, e se o ama quer conhecer e se dedicar com qualidade àquilo que se propõe de maneira imediata à transmissão da mensagem do Evangelho, a Boa notícia.

Nesse processo a oração acompanhada de uma formação nos dará subsídios para que tenhamos uma vida de testemunho, em que a vivência das virtudes não será um sacrifício e sim um prolongar da palavra de Jesus que encontrou uma terra fértil: *"Outra parte caiu em terra boa e, nascendo, deu fruto cem por um"* (Lc 8,8).

Ser terra boa para semear com alegria, bem preparados, lúcidos e convictos de nossa fé, experimentando as virtudes de maneira afetiva e efetiva daremos continuidade ao projeto de Jesus e da Igreja: a salvação dos homens, e também perpetuaremos à missão de nossos irmãos que receberam a coroa do martírio para semear a terra com amor.

PARA REFLETIR

A Palavra de Deus é luz e vida, ilumina mentes e salva as almas, vivifica, fortalece, é caminho e bússola para nossos passos.

Teste seu grau de comprometimento com o seu testemunho e formação

Marque com X sua opção	Sempre	Às vezes	Raramente	Nunca	Total
1. Costuma buscar maneiras de aumentar a sua fé?	10	8	4	0	
2. Coloca-se a serviço de seus irmãos e irmãs da Igreja?	10	8	4	0	
3. Ajuda seus irmãos na compreensão dos ensinamentos de Cristo?	10	8	4	0	
4. Utiliza seus dons e especificidades a favor da comunidade?	8	6	2	0	
5. Quando pensa em sua intimidade com Deus, sente-se satisfeito?	8	6	2	0	
6. Em momentos de aflição você busca se manter esperançoso?	8	6	2	0	
7. Procura ser paciente e misericordioso em seu cotidiano, tal como Jesus nos ensinou?	8	6	2	0	
8. Permite-se sair do comodismo ao longo de sua formação cristã?	6	4	2	0	
9. Vai a encontros formativos?	6	4	2	0	
10. Dedica-se à leitura dos textos bíblicos e formativos?	6	4	2	0	
TOTAL GERAL					

AVALIE SEUS RESULTADOS

Nível 1	00 a 30 pontos	**Regular.** Você ainda não adquiriu comprometimento suficiente em testemunhar a sua fé com a sua formação. Precisa reunir as energias necessárias para dar o primeiro passo.
Nível 2	31 a 60 pontos	**Bom.** Você já deu o primeiro passo, mas ainda está no nível dos atos isolados. Precisa se exercitar mais para ser virtuoso.
Nível 3	61 a 70 pontos	**Ótimo.** Você está no caminho certo. É um líder virtuoso. Com um pouco mais de esforço pode chegar à excelência no comprometimento com seu testemunho e formação.
Nível 4	71 a 80 pontos	**Excelente.** Você está comprometido com seu testemunho e formação, incorporando-os ao seu cotidiano e tem tudo para ser um grande líder.

O QUE FAREI PARA MELHORAR

AÇÃO 1	
AÇÃO 2	

PROPONDO CAMINHOS

Neste breve texto propusemos uma reflexão para uma formação permanente da fé, tendo como base de reflexão alguns dos discursos mais importantes da vida de Jesus.

Jesus demonstra sua grande disposição em se distanciar do judaísmo, deixando claro sua preferência pelas pessoas que o mundo rejeita. Um Mestre que veio para os enfermos e não para os sãos. Expomos, em partes, toda a complexidade do Sermão da Montanha, que nos apresenta Jesus como um Deus misericordioso e compassivo, que rompe com as tradições e dá sentido ao Antigo Testamento, dizendo que o maldito é bendito, segundo seu olhar de amor, é uma pedagogia toda nova, impactante, revolucionária e antropológica.

No encontro com a samaritana, que não tem nome, resgata todos aqueles que, tal como ela, vivem escondidos por seus pecados; visita a Samaria e dá a sua vida, a água-viva, para ela e para seus vizinhos, e convida a samaritana a uma vida de santidade e missionariedade. Largar o cântaro é uma experiência de renúncia e de transformação, largar o cântaro é conversão, é virar as costas para os maus comportamentos e voltar a caminhar com esperança, pois agora tenho um novo motivo. Abandonar os seis maridos, os deuses pagãos e se tornar aquilo que bebeu uma fonte de água-viva, um manancial de fé para outras pessoas, eis a vocação cristã, eis o apostolado catequético, evangelizador e educador da fé.

No Sermão do Pão da vida, Jesus, em outro texto brilhante do discípulo amado, institui a Eucaristia, fazendo toda uma alusão ao Antigo Testamento e iniciando a Nova e Eterna Aliança em seu corpo e sangue. O sacramento é a possibilidade de encostar-se às chagas de Jesus, permanecer com Ele e Ele em mim, Comunhão.

Seguindo ainda no Evangelho de João, vislumbramos a missão de cada cristão batizado demonstrada pelo próprio Mestre, ser o bom pastor, que dá a vida por suas ovelhas. Se existe uma grande base do cristianismo, essa sem dúvida é uma das maiores: cuidar, zelar, amar, ser o sal, a luz, ser a alma do mundo. É próprio do cristão o cuidado, e Jesus cuida dos seus, não um cuidado interesseiro, mas um cuidado de quem dá a vida por aqueles que escolheu. Este é um exemplo a ser seguido por todo educador da fé.

Na segunda pesca milagrosa, que só se dá quando Jesus chega, Ele nos relembra que é o Mestre, é o timoneiro da barca que é a Igreja, e que sem Ele nada podemos fazer. Esse ímpeto e essa certeza em Jesus nos remete à missão. A Igreja é missionária, pois Deus se faz um de nós, chama a todos de irmãos, nos promete a vida eterna, nos dá o dom da fé, entrega seu corpo e o seu sangue, é o bom pastor que se dispõe a morrer para que as ovelhas tenham vida em abundância.

A missionariedade é um imperativo desse amor, esse amor de Deus *fontal*[29] que nos arremessa aos nossos coirmãos quase que irresistivelmente. Assim foram os santos, os grandes heróis que, com a vida, deram vida no seio da Igreja, foram um manancial tal como São Paulo, São Francisco de Assis, Santa Teresinha do Menino Jesus, entre outros.

Chegamos assim ao processo formativo do discípulo e missionário de Jesus, e percebemos que a dimensão intelectual é uma entre tantas outras, e que a espiritualidade e a vida interior fazem parte desse processo. Formar-se para que outros possam encontrar a Jesus não é tarefa fácil, mas "os que semeiam com lágrimas colhem com júbilo" (Sl 126,5). O salmista retrata bem que as fadigas, sacrifícios e tristezas são recompensadas com o bálsamo da terra, com uma colheita frutuosa. Participar das formações na comunidade e estudar não é fácil, mas o resultado é sensacional.

O que podemos propor como um caminho para estabelecer uma ação afetiva e efetiva que nos ajude no compromisso de ser discípulos e missionários, entusiastas da mensagem evangélica e da vivência fraternal com os irmãos é o empenho de se dispor a uma formação permanente da fé.

A formação permanente da fé não é uma receita de bolo, que misturando todos os ingredientes certos faremos de nossos encontros, retiros, pastorais e movimentos um oásis de formação humana e cristã; seria fácil se assim o fosse. O nosso desafio é grandioso, mas o caminho do discipulado do Senhor nos abraça em comunhão com uma verdadeira família que é a Igreja de Cristo; portanto, a grande chave para que a mensagem de Jesus possa surtir efeito e encontrar uma terra fértil é uma abertura pessoal ao seu desígnio de amor. Dar uma resposta egoísta nos assemelhará ao jovem rico, ele não teve a audácia de largar seu cântaro e seguir o Mestre.

Nenhuma formação, seja teológica, humana ou pedagógica, surtirá efeito em nossas vidas se o seguimento de Jesus for comprometido por um sim pela metade. Ele nos quer como somos, nos olha como olhou para a samaritana, é o bom pastor para todos e diz: *"bem-aventurados os pobres de espírito"*, esse é o Mestre que fundou a Igreja e que te chama a ser um discípulo dele, não apenas um escravo, mas um amigo:

---

[29] Fonte de todo o amor.

> Ninguém tem maior amor do que aquele que dá a vida por seus amigos. Vós sois meus amigos, se fizerdes o que vos mando. Já não vos chamo escravos, porque o escravo não sabe o que faz o senhor. Eu vos chamo amigos porque vos dei a conhecer tudo que ouvi de meu Pai. Não fostes vós que me escolhestes, mas fui eu que vos escolhi (Jo 15,13-16).

O Senhor nos escolheu, nos chamou pelo nome e nos fez participantes do seu amor e de sua vontade e nos envia como enviou São Paulo:

> Mas o Senhor lhe disse: "Vai, porque este homem é um instrumento que eu escolhi para levar meu nome diante das nações, dos reis e dos israelitas" (Jo 9,15).

A mensagem de Jesus a Ananias dizendo que Paulo é um instrumento que Ele, o Senhor, escolheu deve ser acolhida por cada um de nós; sim, somos seus instrumentos, não importa qual o seu papel na Igreja ou em que estágio você se encontra na formação e no discipulado. Siga com audácia os ensinamentos dos apóstolos e da esposa amada de Nosso Senhor Jesus Cristo.

Vamos juntos de mãos unidas e coração contrito, nos caminhos da Igreja.

REFERÊNCIAS

Documentos do Magistério
Catecismo da Igreja Católica. 9. ed. São Paulo: Loyola/Paulinas/Ave Maria/Paulus. Petrópolis: Vozes, 2014.

Documentos Pontifícios
BENTO XVI. Carta Encíclica Deus Caristas Est. 3. ed. São Paulo: Paulinas, 2007.
_____. Carta Encíclica Spe Salvi. 2. ed. São Paulo: Paulinas, 2007.
FRANCISCO. Exortação Apostólica Evangelii Gaudium. 1. ed. São Paulo: Paulinas, 2013.
PAULO VI. Carta Encíclica Redemptoris Missio. 9. ed. São Paulo: Paulinas, 2014.
_____. Exortação Apostólica Evangelii Nuntiandi. 22. ed. São Paulo: Paulinas, 2011.
PAULO II. Exortação Apostólica Catechesi Tradendae. 6. ed. São Paulo: Paulinas, 1981.

Documentos Conciliares
Constituição Dogmática Lumen Gentium – Sobre a Igreja.
Constituição Pastoral Gaudium et Spes – Sobre a Igreja no mundo contemporâneo.
Decreto Conciliar Ad Gentes – Sobre a Atividade Missionária da Igreja.
Documentos do Concílio Ecumênico Vaticano II. 27. ed. Petrópolis: Vozes, 1998.

Documentos para a América Latina
CELAM. Documento de Aparecida. São Paulo: CNBB/Paulus/Paulinas, 2008.

Documentos da CNBB
CNBB. Iniciação à Vida Cristã: itinerário para formar discípulos missionários. Brasília: Edições CNBB, 2017 [Documento 107].
_____. Iniciação à vida cristã: Um processo catecumenal. 4. ed. São Paulo: Paulinas, 2010 [Documento 97].
_____. Diretório Nacional de Catequese. Brasília: Edições CNBB, 2006 [Documento 84].
_____. Catequese Renovada e Conteúdo. 5. ed. São Paulo: Paulinas, 1983 [Documento 26].

Livros

A Carta a Diogneto. Petrópolis: Vozes, 1984.

AGOSTINHO, S. *Comentário ao Evangelho e ao Apocalipse de São João* – tomo I. São Paulo: Cultor de Livros, 2017.

ALMEIDA, J.C. *As sete virtudes do líder amoroso*. 5. ed. São Paulo: Editora Canção Nova, 2010.

BEITZEL, J.B. *Atlas da Bíblia:* Os acontecimentos, as pessoas e os lugares da Bíblia: do Gênesis ao Apocalipse. São Paulo: Girassol, 2014.

Bíblia de Jerusalém. 12. ed. São Paulo: Paulus, 2017.

Bíblia do Peregrino. 3. ed. São Paulo: Paulus, 2017 [Ed. de estudo].

Bíblia Sagrada. 51. ed. Petrópolis: Vozes, 2012.

CANTALAMESSA, R. *Apaixonado por Cristo*: o segredo de Francisco de Assis. 2. ed. São Paulo: Edições Fons Sapientiae, 2019.

CALANDRO, E. *Roteiro de formação com catequistas*. 3. ed. Petrópolis: Vozes, 2014.

CHERTERTON, G.K. *Ortodoxia*. São Paulo: Mundo Cristão, 2008.

_____. *São Tomás de Aquino e São Francisco de Assis*. Rio de Janeiro: Ediouro, 2003.

ESCRIVÁ, J. *Forja*. São Paulo: Quadrante, 1987.

_____. *É o Cristo que passa – Homilias*. São Paulo: Quadrante, 1973.

Fontes franciscanas e clarianas. 2. ed. Petrópolis: Vozes, 2008.

GONZÁLEZ R.J. *Elementos básicos de didática catequética:* formação pedagógica do catequista. Petrópolis: Vozes, 2009.

HOLMES, J.D. *História da Igreja Católica*. Lisboa: Edições 70, 2006.

LARRAÑAGA, I. *El Hermano de Asis*. Santiago: Paulinas, 1979.

PADRES APOLOGISTAS II. São Paulo: Paulus, 1998 [Patrística 2].

PERRONI, M. *As mulheres da Galileia:* presenças femininas na primeira comunidade cristã. São Paulo: Edições Loyola, 2006.

ROPS, D. *A Igreja das Catedrais e das Cruzadas*. São Paulo: Quadrante, 1996.

SCHNELLE, U. *Paulo:* Vida de Pensamento. São Paulo: Paulus, 2010 [Academia Cristã].

TERESA DO MENINO JESUS, S. *Obras completas e últimos colóquios*. 1. ed. São Paulo: Paulus, 2012.